한민족과 북방-기원(2)

북방과 북국

About the North and
Northern countries

About the North and
Northern countries

한민족과 북방-기원(2)

북방과 북국

손동완 지음

바른북스

서문

저자는 오랜 기간에 걸쳐서 한반도 지역의 '민족 형성 유형'에 관해서 연구해 왔다. 그 과정에서 기초 연구에 해당하는 부분이 몇 권의 책으로 묶어져 나온 바 있다. "한민족의 기원 연구"(용어와 부록)(2018)를 비롯해서 "한민족의 기원"(해설)(2020 a)/ "한민족의 기원"(해설 2)(2020 b)과 "한민족의 기원"(지역론)(2021 a)이 그것이다. 이 책은 그러한 연구의 바탕 위에서 '북방-기원'이란 주제를 집중적으로 다룬 두 번째 책이다. 같은 제목의 직전의 책(2021 b)이 주로 북방설(시베리아설)에 대한 비판이었다면 본서(2021 c)는 추후의 북방 관련 논의를 위한 전 단계의 연구라 할 수 있다. 이 책이 북방에 대한 한 단계 업그레이드된 해설이 되었으면 한다.

목차

서문

1 북방(1)

한민족 집단 연구사에서 그 집단이 한반도 외부에서 기원한다는 외래설(해설 3) 더 정확히 말하면 외래적 정복론이 더 주목을 받아왔다. 대체로 시베리아(21 a/ R 1), 발해연안(R 2), 부여 지역(R 3), 해양 지역(R 4)이 그 대상으로 지목된다. 그 가운데서 시베리아, 발해연안, 부여 지역은 한민족 집단이 한반도의 북쪽에서 기원한다는 설정이고 해양 지역은 그 남쪽에서 기원한다는 설정이다. 통상 한민족 집단 관련 연구에서 북방이란 용어는 시베리아를 의미한다. 그래서 북방-기원이란 용어도 시베리아-기원과 거의 같은 의미로 사용된다. 이하에서 21 a/ 21 b는 각각 손동완 2021 a/ 손동완 2021 b(서문 참조)의 약호로 쓰인다.

(시베리아)

시베리아(21 a/ R 1)는 한민족 집단 연구사에서 매우 특별한 의미를 가지는 지역이라 할 수 있다. 왜냐하면 19세기 후반을 거쳐서 20세기에 접어들면서 등장하는 한민족 집단의 기원에 관한 이론(기원 이론)이 시베리아란 지역을 둘러싸고 진행이 되기 때문이다. 다시 말해서 한반도의 즐문토기가 시베리아에서 기원한다(Fugida 1930)는 주장이 나온 후에 다시 그 토기를 가지고 한반도로 들어오는 집단이 있다는 방향으로 논의가 전개된다. 그리고 즐문토기의 신석기시대뿐만이 아니라 그 후의 청동기시대에도 시베리아 지역에서 한반도로 들어오는 집단이 있다고 상정이 된다(부록/ 2).

시베리아는 유라시아 대륙 북부의 광활한 지역이다. 다만 러시아 연방의 우랄 산맥 서쪽 지역은 제외되고 그 동쪽의 우랄/ 시베리아/ 극동 연방관구에 걸쳐 있는 지역을 말한다(러시아는 8개의 연방관구로 구분이 된다). 북에서 남으로 툰드라/ 타이가/ 냉대 활엽수림/ 스텝 지역의 식생대를 이루고 있다. 이전에는 고-시베리아 계통(축치, 코랴크, 길랴크, 캄차달, 유카기르 등등)과 알타이언어 사용 집단(TMT)의 활동 지역이었는데 16세기 이래 러시아의 진출로 인해 러시아의 일부가 되었다. 시베리아 횡단 철도의 개설과 더불어 많은 수의 러시아계 주민이 이주해서 주요 도시들은 아시아 속의 유럽을 이루고 있다.

현재 시베리아 연방관구 내의 부랴트 공화국/ 야쿠트 공화국(사하 공화국이라고도 부르는데 얼마 전에 극동 연방관구로 소속이 바뀌었다)/ 투바 공화국/ 알타이 공화국은 이전부터 살아왔던 시베리아 민족집단의 이름을 딴 비교적 규모가 큰 지역들이다(인구는 그다지 많지 않다). 그들은 모두 알타이언어(해설 3) 사용 집단인데 부랴트족은 몽골계(M)이고 야쿠트/ 투바/ 알타이족은 투르크계(T)로 분류된다. 야쿠트족은 투르크계 가운데 최북단으로 이동해서 적응한 집단인데 그들이 데리고 간 말도 추위에 적응한 형질을 보인다. 야쿠티아(야쿠트 공화국)의 베르호얀스크, 야쿠스크 등은 지구상에서 가장 추운 지역으로 알려져 있다.

한민족 집단의 시베리아 기원설은 학계에서 북방설이란 이름으로 불린다. 통상 한민족 집단 관련 연구에서 북방이란 용어는 시베리아를 의미하기 때문이다. 그때의 북방은 좁은 의미로 사용된 것이다. 반면 북방이란 용어는 넓은 의미로 사용되기도 하는데 시베리아와 비-시베리아(본문/ 2) 모두를 포괄한다. 그 분야에서 비-시베리아는 주로 내-아시아(Inner Asia) 지역을 말하는데 한반도 북부(양계)까지 들어가는 경우도 있다. 여하튼 한반도의 한민족이란 집단이 시베리아 지역에서 기원한다는 이론인 북방설(시베리아설)은 상당 기간 학계에서 영향력을 행사한다. 북방설은 발해연안설, 본토설과 함께 당대 3설(부록/ 3)로 분류되기도 한다.

북방설은 주로 북방 문화(21 b/ 1)란 측면과 상관성이 높다. 북방 문화는 주로 좁은 의미의 북방인 시베리아의 문화를 말한다. 하지만 시베리아 지역의 문화는 그렇게 간단히 정의되는 것은 아니다. 남부 시베리아 지역에서 일찍이 미누신스크 문화(신석기 문화)가 나온 이래 여러 가지 다양한 청동기 문화가 등장하고 이어서 철기 문화도 나온다. 기원전 2000년경 첼

랴빈스크 주변인 아르카임에서는 이른바 '태양의 후예'의 전차 문화가 나왔고 이후 기원전 1000년대의 투바 공화국의 아르잔/ 알타이 공화국의 파지리크 두 지역(해설 1/ i)의 고분군 등도 발굴이 된다. 그런데 북방설은 극히 일부의 신석기 또는 청동기 문화를 한반도 지역과 연결시킨다.

얼마 전에는 위의 문화적인 의미가 아니라 형질 및 유전자(해설 1/ f)적인 의미의 북방계란 개념이 유행한 바 있다. 그 논의 또한 시베리아란 지역과 상관이 있다. 왜냐하면 한민족 집단이 시베리아 바이칼호 주변에서 기원한다는 이른바 바이칼론(21 b/ 2)이 그 중심을 이루고 있기 때문이다. 하지만 주로 GM 유전자론(Matsumoto 1985)에 근거하는 그 이론은 많은 문제점을 내포하고 있다(21 b/ 2). 그리고 최근의 Y-염색체 DNA(해설 3) 하플로그룹 분석에 의거할 때 한민족 집단은 이른바 북방계와 일부만 관련이 있다는 결론이 나온다(해설 3/ 북방계 한민족). 그 북방계 또한 바이칼론보다는 아무르설(21 b/ 2)이 더 설득력 있는 접근일 듯하다.

한민족 집단의 시베리아 기원설인 북방설은 2단계 교체설 (부록/ 2)로 정리가 된다. 그것은 기본적으로 한반도의 구석기인이 신석기인으로 그리고 신석기인이 청동기인으로 교체가 된다는 이론이다. 그런데 그 신석기인과 청동기인이 모두 시베리아 지역에서 들어가는 집단이란 주장이다. 다시 말해서 시베리아 신석기 문화(즐문토기)를 가지고 들어간다는 고-아시아족/ 시베리아 청동기 문화를 가지고 들어간다는 퉁구스인이란 두 집단이 제시된다. 하지만 러시아 언어학자들이 대체적으로 분류한 고-시베리아족/ 신-시베리아족이란 개념에 상응하는 두 집단 특히 고-아시아족은 그 존재 자체마저 불확실하다는 비판에 직면한다(이선복 1991; 최정필 1991, 2006).

한때 한민족 집단의 기원에 관한 유력한 학설로 여겨지던 북방설은 이후 남한에서 발해연안설(부록/ 3)이 나오고 북한에서 본토설(부록/ 3)이 나오면서 그 위상이 많이 흔들리게 된다. 물론 발해연안의 여러 문화와 한반도 지역을 연결시키려는 발해연안설의 시도는 그다지 성공적이지 않다고 할 수밖에 없다. 여하튼 북방설과 발해연안설은 남한의 한민족 집단

기원 이론을 대표하는 학설로 여겨지고 이후 두 이론을 절충하는 시도까지 나온다(해설 3/ 절충론). 앞서 말한 바처럼 그 두 이론은 외래설(해설 3)에 해당하는 이론이다. 반면 북한의 본토설은 일종의 내재론(21 b/ 5)에 해당하는 이론이다.

위에서 논의한 바처럼 이론사에서 시베리아란 지역은 의외로 중요한 지역으로 꼽힌다. 하지만 한반도의 한민족 집단과 시베리아의 관련성은 그다지 높지 않다는 것이 진실이다. 다만 한반도 지역이 그 주변의 여러 지역과 끊임없이 교류(21 b/ 3)하고 교섭을 이어왔다는 것은 당연하고 북방 즉 시베리아 지역과도 어떠한 형식으로 든 교류한 것은 사실이다. 특히 시베리아의 청동기 문화 또는 초기-철기 문화의 일부가 한반도 지역에 나타나기도 하고 한반도 동남부 신라의 마립간 집단(21 b/ 1)의 고분 양식에도 상당한 영향을 끼치기도 한다. 하지만 그것과 한민족 집단이 시베리아에서 기원한다는 것은 전혀 다른 문제다.

(시베리아 대 해양)

한민족 집단의 기원과 관련한 연구에서 시베리아뿐 아니라 해양이 언급될 때도 있다. 특히 '시베리아 대 해양'이란 구도가 제시되기도 한다. '시베리아 대 해양'이란 구도는 그 자체가 매우 상징적인 의미를 가진다고도 할 수 있다. 왜냐하면 시베리아(21 a/ R 1)와 해양(R 4)의 실제적인 내용보다는 '시베리아 대 해양'이란 구도 그 자체가 더 중요한 것으로 여겨지기 때문이다. 다시 말해서 시베리아와 해양의 구체적인 내용이 아니라 그 대립적인 '틀 그 자체'가 더 유명하다고 할 수도 있다. 내용보다는 형식이 더 압도적인 경우가 가끔씩 있기 마련인데 '시베리아 대 해양'이 그 전형적인 경우라 할 만하다.

한반도 지역에서 이른바 시베리아 문화(북방 문화)와 해양 문화(남방 문화)가 어느 정도 보이는 것은 사실이다. 그것은 한반도 지역이 그들 지역과도 교류(21 b/ 3)가 있었기 때문에 나타나는 당연한 현상일 것이다. 예를 들면 한반도 지역에서 스키타이-오르도스계의 유물이 발견되기도 하고 남부 시베리아 지역에서 발굴되는 쿠르간 형식의 무덤 양식이 나오기도 한다(신라의 마립간 시대). 그리고 제주도와 남부 해안에서는 해양 지역의 문화가 남아 있다는 것은 사실이다. 하지만 그러한 사실과 그 이상의 설정 즉 그 일부의 문화를 강조해서 그 문화를 가진 집단들이 한반도로 들어와서 한민족의 기원이 된다는 것은 또 다른 문제다.

참고로 한반도의 농경 문화가 해양계(21 a/ R 4)가 가져온 문화인지 여부는 논란거리다. 한반도의 농경 도입은 어떤 집단의 이주 또는 도래에 의한 전파라는 급격한 방식으로 진행되지 않는다(R 4). 반대로 단계적 전개라는 완만한 방식으로 진행되는데 그 완만함의 정도가 극히 이례적이다. 한반도 지역은 농경이 처음 도입되어 정착이 될 때까지(기원전 3500년에서 기원전 1000년경까지) 무려 2500년이 걸린 것으로 되어 있다. 한반도의 농경 도입은 그 자체가 미스터리한 면이 있다. 그런만큼 유럽 학계에서 즐겨 쓰는 '수렵채집인 대 농경민'이란 구도가 한반도 지역에서는 잘 작동되지도 않는다.

여하튼 '시베리아 대 해양'의 시베리아계와 해양계란 용어도 원래는 형질 및 유전자(해설 1/ f)의 의미가 아니라 주로 문화적인 의미로 사용이 된다. 그래서 시베리아 문화 또는 해양 문화가 논의의 중심점에 선다. 시베리아 문화는 북방 문화로 그리고 해양 문화는 남방 문화로 부르기도 한다. 물론 더 정확한 용어는 북방 시베리아 문화와 남방 해양 문화다. 그 둘 가운데서 북방 문화란 용어는 북방 시베리아 문화와 바로 통용이 되는 편이다. 통상 북방 문화는 시베리아 문화를 의미하는 용어로 사용되기 때문이다. 그에 비해서 남방 문화와 남방 해양 문화는 바로 등치 되기에는 아직 시간이 필요할 듯하다.

해양, 해양계(21 a/ R 4)와 남방, 남방계(해설 1/ h)에 대해서는 저자의 다른 글에서 다룬 바 있는데 다른 지면에서도 다시 한번 다룰 예정이다. 한반도의 한민족 집단의 기원 연구란 분야에서 특히 남방, 남방계, 남방계 몽골로이드는 물론이고 남방설이란 용어도 주의해서 사용해야 할 대표적인 용어로 꼽힌다. 위의 '시베리아 대 해양'은 '시베리아의 북방 대 해양의

남방'이란 방식으로 사용되기도 한다. 하지만 시베리아와 북
방 그리고 해양과 남방이 바로 일치하는 개념인 것은 아니다.
그중에서도 특히 시베리아와 북방보다는 해양과 남방이 더
자세한 분석을 요한다고 해야 한다.

위의 '시베리아 대 해양' 또는 '시베리아 문화 대 해양 문화'
라는 도식은 단순히 두 가지 문화를 나열한 것에 불과한 것
은 아니다. 왜냐하면 그 도식은 한반도 지역이 두 가지 다른
문화가 들어와서 혼합(다만 여기서 말하는 혼합은 형질 및 유전
자에 초점을 맞춘 현재의 남-북방계 혼합설 등과는 결이 다르다)이
되는 복합적인 공간이란 것이 전제되어 있기 때문이다. 그러
한 유의 논의는 거기서 한 걸음 더 나아가서 어느 정도 이데
올로기를 띤 주장으로 나아간다. 왜냐하면 그것은 '시베리아
대 해양'(시베리아 문화 대 해양 문화)에서 '시베리아 와 해양'(시
베리아 문화 와 해양 문화)으로 넘어가기 때문이다.

그러한 유의 논의에서는 한반도 지역은 여러 가지 다른 문
화가 들어와서 혼합이 된 만큼 개방적인 공간이란 것도 강조

되고 있다. 그뿐 아니라 남방과 북방의 혼합을 넘어서 조화 또는 공존이란 담론도 들어가 있다(김병모 1992). 그러한 논리는 앞서 말한 바처럼 혼합과 결합을 통해서 도달하는 열린 공간/ 열린 사고란 주의주장으로 이어지고 있다. 그래서 한반도는 북방의 시베리아 문화와 남방의 해양 문화가 공존하면서 조화를 이루는 개방적인 공간일 뿐 아니라 한반도의 한민족 집단은 그러한 공간 속에서 진취적인 기상을 가지고 개방적인 사고를 하는 우수한 민족이란 것이 강조된다.

이상의 '시베리아 대 해양'이란 도식에서 나오는 여러 가지 주장에는 그 이면에 '반 중국 문화' (21 b/ 4)라는 이데올로기가 깔려 있다고 할 수 있다. 동아시아 특히 동북 아시아 지역은 오랜 기간 그 지역의 중심 문화권인 중국 문화의 영향력 아래 있었다는 것은 부인할 수 없는 사실이다. 한반도가 중국과 중국 문화의 영향에서 벗어나는 19세기 말과 20세기에는 한국 학계에서 '반 중국 문화'의 새로운 설정이 시도되는데 특히 한민족 집단의 기원 문제를 둘러싸고 그러한 경향이 심화된다고 할 수 있다. 한민족 집단의 시베리아 기원설인 북방설이 반 중국 이데올로기의 좋은 대안으로 부상한 것은 분명해 보인다.

한민족 집단의 기원 이론(부록/ 1, 2, 3, 4, 5) 연구는 그동안 당대 3설(북방설, 발해연안설, 본토설) 위주로 진행이 되었지만 얼마 전에는 그것을 다시 두 가지의 짝으로 분류한 수정 6설 (부록/ 3)이란 분류가 나왔다. 북방설과 남방설/ 발해연안 1설 과 2설/ 본토설 1설과 2설(본토 유형설)이 그것이다. 그 가운데 일반 대중들에게 가장 많이 알려져 있는 것이 '북방설과 남방 설'이란 짝이다. 북방설의 시베리아(21 a/ R 1)란 지역과 남방설 의 해양(R 4)이란 지역은 '시베리아 대 해양' 또는 '시베리아 와 해양'이란 담론(위)을 형성하면서 이른바 선-형성기(21 b/ 3)의 주요 기원 이론을 구성하고 있다.

한민족 집단의 형성(해설 1/ d) 과정이란 측면에서 한반도 지 역을 '선-형성기/ 형성기(676~1910) / 형성기 이후'로 나누어 보 자면 북방설(시베리아설)은 그 가운데 7세기 이전인 선-형성 기, 그것도 아주 오래된 시기인 빙하기 이후 신석기/ 청동기

양 시대를 배경으로 해서 나오는 이론일 뿐이다. 북방설은 일본 식민지 시대에 등장해서 단기간 안에 주요 학설로 부상했지만 한민족 집단의 기원과 형성을 설명하는 이론으로는 적절하지 않은 측면이 너무 많다(21 b/1, 2). 물론 시베리아 지역과 한반도는 비교적 이른 시기에 교류가 있었던 것은 사실이지만 그것을 넘어서서 그 지역에서 한민족 집단이 기원한다는 것은 무리한 설정일 수밖에 없다.

참고로 시베리아(21 a/ R 1)과 해양(R 4)이란 두 지역을 설정하는 이론은 물론 그것이 작동하는 지리적인 여건이 있다. 다시 말해서 그것은 해수면 고도가 변화된 빙하기 이후 현재의 지형을 전제로 하는 논의다. 적어도 10000년 이전에는 중국 대륙, 한반도, 일본 열도는 대부분 육지로 연결되어 있었고 다만 수심이 깊은 동해는 거대한 내륙 호수를 이루고 있었다. 빙하기 이후 한반도는 삼면이 바다인 지형이 되고 육지로는 북쪽 한 방향으로만 연결이 된다. 빙하기 이후 이루어진 현재의 한반도 지형이 각각 북쪽과 남쪽에서 어떤 집단이 한반도로 들어간다는 이론(북방설과 남방설)의 배경이 되는 셈이다.

어떻게 말하면 각각 시베리아와 해양 지역을 지목하는 북방설과 남방설이란 짝(부록/ 3)은 삼면이 바다인 현재의 한반도 지형이 이루어진 다음 신석기/ 청동기 양 시대에 한반도 지역으로 어떤 문화와 집단이 들어가는가의 논의라 할 수도 있다. 거기서는 시베리아(북방)/ 해양(남방)의 문화와 한반도 지역의 문화가 어떤 관계가 있는지가 논의의 중심이 된다. 다시 말해서 한반도의 한민족 집단의 기원과 관련해서 두 지역은 유전자가 아니라 문화적 의미에서 논의가 시작된다는 말이다. 물론 선사시대인 신석기시대가 과연 한민족 집단의 기원을 논의하기에 적당한 시기인가(해설 1/ a)라는 문제가 있다.

여하튼 빙하기 이후 특히 신석기시대를 기준으로 한다면 여태까지 시베리아에서 한반도로 신석기인이 들어간다는 북방설이 대표적인 이론으로 자리 잡는다. 그 외에도 발해연안 (21 a/ R 2)과 북중국에서 각각 신석기인이 들어간다는 이른바 발해연안설(이형구 1989)과 북중국설(박선주 1996)이 있긴 하지만 아직까지 대중적인 인지도는 그다지 높지 않다. 그래서 시베리아 지역에서 한반도로 신석기인이 들어간다는 북방설이 빙하기 이후 한반도의 북쪽에서 어떤 집단이 들어간다는 여러 학설 가운데 압도적인 지위를 누려왔다. 물론 북방설의 현재의 위상은 예전만 못하다. 남방설 즉 해양 관련 논의(주로 청동기시대가 언급된다)도 여전히 소수설의 지위에 있다.

2 북방(2)

한민족 집단 관련 연구에서 북방설이 시베리아설을 말한다는 것은 이미 말한 바와 같다. 그 분야에서 북방이란 용어는 주로 시베리아를 의미하기 때문이다. 물론 한반도를 기준으로 볼 때 시베리아만이 북방인 것은 아니다. 그 외의 '비-시베리아'도 엄연히 북방에 들어간다. 말하자면 시베리아가 북방(1)이라면 '비-시베리아'는 북방(2)에 해당한다. 북방(2)에 해당하는 '비-시베리아' 지역은 내-아시아(Inner Asia)라고 분류되기도 한다. 내-아시아란 용어는 기본적으로 중국 대륙을 기준으로 그곳과 가까운 지역을 지칭한다. 내-몽골(Inner Mongolia)도 비슷한 용법인데 중국과 가까운 몽골 지역을 말한다(외-몽골 Outer Mongolia과 상대되는 말이다).

(내-아시아)

유라시아 대륙은 일단 우랄 산맥 서쪽인 유럽을 제외하면 아시아 대륙으로 분류되긴 하지만 그것도 여러 가지 다양한 지역으로 구성되어 있다. 일단 서아시아와 동아시아로 구분하면 서아시아는 지구상에서 최초로 농경이 개시된 지역이자 유태교, 기독교, 이슬람교가 나온 중동 지역과 인더스 문명 이후에 아리안족이 들어와서 카스트 계급 사회를 이룬 인도 아-대륙이 그 중심이라 할 수 있다. 동아시아는 중국 대륙의 중국이 문명의 중심지였고 중국을 중심으로 그 주변을 분류하는 것은 불가피한 측면이 없지 않다. 서양의 중국 연구자 가운데서 일찍이 중국 밖의 내륙 지역을 주목한 사람은 라티모어(Owen Lattimore, 1900~1989)가 손꼽힌다.

내-아시아(Inner Asia)는 주로 중국(중원)을 중심으로 그곳과 가까운 변방 지역을 말한다. 참고로 이 글에서는 내륙-아시아보다는 내-아시아란 번역을 채택한다. 예를 들면 중국을 기준으로 가까운 곳을 내-몽골(Inner Mongolia)이라 부르고 먼 곳을 외-몽골(Outer Mongolia)이라 부르는 것과 같은 개념이다. 대략 티베트, 신강(신장), 몽골, 만주가 그 범주에 들어간다. 내-아시아는 오랜 기간 중국(중원)의 한족(해설 3)이 세운 여러 국가를 위협해 온 세력의 근거지였다. 역사적으로 한반도의 양계(본문/ 5) 지역도 내-아시아의 영향권 하에 있던 곳이다. 굳이 외-아시아를 꼽자면 중국(중원)에서 비교적 먼 곳인 시베리아 또는 중앙아시아 지역이 그 범주에 해당한다.

티베트(Tibet)는 중국 대륙 서부의 고원 지대인데 세계의 지붕이라 불리기도 한다. 그 지역은 고원 지대 특유의 문화를 바탕으로 오랜 기간 문화적 정체성을 이루어 왔지만 현재는 중국의 일부(서장 자치구)로 편입되어 있다. 몽골 지역까지 영향을 준 라마교도 그 지역의 대표적인 문화다. 신강(新疆/ Xinjiang)은 티베트의 북쪽이자 몽골의 서남쪽에 해당하는 지역인데 역사적으로 중앙아시아의 일부라고 할 수도 있다. 오아시스 농업과 교역을 중심으로 티베트 못지않게 특유의 문화를 가진 그 지역은 이른바 서역에 포함시킬 경우도 있다. 중국에서 강력한 왕조가 들어설 때마다 그쪽으로 팽창 정책을 추구하는데 현재 중국의 일부(신강 위구르 자치구)로 편입되어 있다.

한편 몽골(Mongolia)과 만주(Manchuria)는 중국 대륙 북쪽과 동북쪽의 두 지역인데 우리에게 비교적 익숙한 곳이다. 두 지역 모두 중국(China)에 직접적이고 강력한 영향을 행사한 바 있고 정치-군사적 측면에서 내-아시아란 용어는 주로 그 두 지역을 일컫는다고 해도 과언이 아니다. 몽골 지역은 처음에는 투르크계(T) 민족집단의 유목 제국(흉노/ 돌궐)이 중국에 영향을 미치고 다음에는 몽골계(M)의 세계 제국(원)이 중국을 지배하기도 한다. 만주 지역은 동호계(이후의 몽골계와도 관련 있는 집단이다)가 북조(386~581)를 지배한 이래 동호계(거란 요)와 읍루계(여진 금) 집단이 북중국의 일부 또는 전부를 지배하고 다른 읍루계(여진 청)가 다시 전 중국을 지배한다.

위의 두 지역 가운데서 특히 만주 지역은 한반도와는 뗄 수 없는 관계에 있다. 그 지역과 연결되는 한반도 북부인 양계(본문/ 5) 지역도 오랜 기간 그 영향권 아래 있었다. 물론 한반도 지역은 문화적인 측면에서 중국 대륙의 중국(중원)과 밀접한 관련이 있는 것은 사실이지만 적어도 정치-군사(21 b/ 3)적인 면에서는 중국보다는 만주, 그중에서도 외곽 지역이 훨씬 더 큰 영향을 끼친다고 보아야 한다. 반대로 위에서 설명한 내-아시아 가운데 상대적으로 한반도에서 먼 지역인 티베트, 신강은 한반도와 상대적으로 관련이 적다고 할 수 있다. 그 외의 시베리아를 포함한 외-아시아(Outer Asia)는 말할 것도 없다.

만주는 발해연안(또는 요동)(부록/ 2)과 그 외곽(아래) 두 지역으로 나누어 볼 수 있다. 기원전의 신석기/ 청동기 양 시대 그리고 이어지는 철기시대는 발해연안 또는 요동의 집단이 더 두드러진다. 기원전후를 지나고 역사시대로 접어들면서 점점 더 외곽 지역 민족집단의 정치-군사적인 영향이 한반도 지역에 작용하게 된다. 한반도의 역사시대는 발해연안보다는 외곽 지역과 더 밀접한 관련이 있다고 해야 한다. 한반도의 북부에 해당하는 양계 지역도 역사적으로는 만주 외곽 지역의 영향권 하에 있었다. 대략적으로 말한다면 기원전후를 기점으로 해서 발해연안보다는 외곽 지역의 영향력이 훨씬 더 커진다고 할 수 있다.

〈만주〉

만주(Manchuria)는 현재 중국의 6대구의 하나로 분류되기도 한다. 중국은 대략 러시아 연방의 연방관구(8개)에 해당하는 6 대구로 구분된다. 중국 대륙은 동부의 화북/ 화동/ 중남과 서부의 서남/ 서북으로 나누어진다. 나머지 하나가 중국 대륙의 동북 방향에 자리한 만주인데 그 방위칭인 동북이라 불린다. 동북은 현재는 세 개의 성으로 나누어져 있다(아래). 참고로 중국의 동부는 이전에는 화북/ 화중/ 화남으로 나누었지만 지금은 화북/ 화동/ 중남으로 구분한다. 우리에게 그다지 익숙하지 않은 화동은 황해 및 동중국해에서 가까운 산동, 강소(상해), 절강, 복건, 안휘, 강서, 대만(타이완) 등의 성(省)을 말한다. 중국의 서부는 서남/ 서북으로 나뉘어서 단순한 편이다.

동북 3성은 요녕성, 길림성, 흑룡강성을 말하는데 발해(바다)에서 가까운 요녕성을 시작으로 동북 방향으로 길림성, 흑룡강성으로 이어진다. 흑룡강성 위로는 (넓은 의미의) 시베리아에 맞닿아 있다. 동북 3성의 서쪽은 대체로 내-몽골 자치구('성급')

의 동부에 해당한다. 그 동쪽은 극동 러시아 더 자세히 말하면 러시아 연방 극동 연방관구의 연해주('변경주') 등과 접하고 있다. 그 남쪽은 압록강/ 두만강을 경계로 해서 한반도로 이어지는데 더 정확히 말하자면 양계(평안도와 함경도) 지역으로 이어진다. 동북 3성 즉 만주 전체로 볼 때는 동부 만주는 삼림 지대가 비교적 많고 서부 만주는 초원 지대가 많은 편이다.

한반도의 한민족 집단(Peninsula Koreans) 외의 '한반도 밖'의 한민족 집단(ethnic Koreans)은 지구상의 여러 지역에서 소수 민족 집단을 이루고 있다. 그 가운데 가장 큰 집단이 만주(중국 동북)에 살고 있는 조선족(250만 전후)이다. 그들은 19세기 후반 함경도에서 두만강을 넘어서 간도로 들어가는 집단에서 시작되는데 현재 중국 내 55개 소수 민족의 하나를 구성한다. 그 집단은 길림성의 연변 조선족 자치주('지급')와 그 외의 여러 다른 지역의 자치현('현급') 등을 이루고 있지만 현재는 이농의 흐름을 타고 대도시 지역이나 남한으로 이주하는 경우가 많아 그 지역 내의 다수 집단으로서의 지위가 많이 흔들리고 있다.

만주 지역은 기원후 천 년대는 대체로 고구려, 발해(본문/ 3)
가 그곳을 지배한다. 예맥(부여) 고구려(김한규 2004)와 말갈 발
해("삼국유사")는 한반도 국가의 역사 기획(부록/ 5)에도 등장
하는 만주 지역 국가다. 대략 400년 이후의 고구려 및 그 이
후의 발해는 요, 금, 원, 청과 함께 그 지역에 통합국가를 세
운 집단이다. 이상의 '고구려, 발해, 요, 금, 원, 청'은 역사 공
동체 만주로 묶이는 경우도 있다(김한규 2004). 한반도 지역의
남국('동국 한국 남국'의 남국이다)과 구분되는 그들 국가는 북
국(본문/ 3, 4)의 범주에 들어간다. 다만 청제국이 멸망한 이후
그 지역의 역사 공동체가 와해되어 중국의 일부분인 중국 동
북이 되고 만다.

현재의 중국 동북은 한족(해설 3)의 지속적인 이주로 인해
서 한족이 다수 집단화되었다. 시베리아 지역이 러시아계 주
민의 유입으로 그들이 다수 집단화된 것과 비슷하다 하겠다.
하지만 기원전후를 기준으로는 서부 만주의 동호계/ 중부 만
주의 예맥계/ 동부 만주의 읍루계(숙신계)가 그 지역의 대표적
인 민족집단이라 할 수 있다. 그들 가운데 동호계와 읍루계

는 계통이 비교적 분명한 편이지만 예맥계는 계통이 불분명
하다. 동호계와 읍루계는 모두 알타이언어(해설 3) 사용 집단
인 TMT(해설 3)에 속한다. 동호계는 몽골계(M)에 해당하고 읍
루계(숙신계)는 퉁구스계(T)(만주-퉁구스어/ 만주-퉁구스계란 말
도 쓰인다)에 해당한다.

　여하튼 세 집단 가운데 동호계(몽골계로 분류가 된다)와 읍루
계(퉁구스계로 분류가 된다)는 알타이언어(해설 3) 사용 집단이
고 유력 집단(몽골계인 북원 다얀 칸의 가계와 만주-퉁구스계의
누루하치의 가계)의 유전자 분석을 통해서 Y-염색체 DNA(해
설 3) 하플로그룹 분석상 C계열(C3)에 속한다는 것이 확인되
었다. 이른바 '알타이언어-C3'(손동완 2018) 집단이다. 하지만
예맥계(해설 3)는 다른 두 집단과는 달리 일찍 명맥이 끊어져
서 그 계통을 알기가 힘들다. 그 대부분이 주변 집단에 흡수
되어 현재 그들 집단의 유전자 분석조차 가능하지 않은 상태
다. 하지만 동호계, 읍루계보다도 예맥계가 현재의 한민족 집
단과 더 큰 관련이 있다는 것이 일반의 인식일 것이다.

(범 동이-북적계)

위의 세 집단은 이른바 범 동이-북적계로 분류가 된다. 다만 그때의 동이는 진/ 한제국 이전(진제국보다 앞선 시기라는 의미의 선진 先秦 시대라 부르기도 한다) 중국 대륙 동부(대략 화동 지역에 해당한다)의 동이(1)과는 구분이 된다(김한규 2004). 또한 "삼국지" '위지' '오환선비동이열전'의 동이와도 범위가 다른 용어다. 동이열전의 그 동이는 주로 범 동이-북적계 가운데 동호계(오환, 선비)를 제외한 다른 그룹을 지칭하는데 예맥계(부여, 고구려, 동옥저, 예)와 읍루계(읍루)를 포괄한다. 그뿐 아니라 3한(한), 일본(왜인)까지 망라하고 있다. 참고로 이하동서 (夷夏東西) 설(Fusinian 1935)의 동이는 동이(1)의 의미와 상대적으로 가깝다.

(예맥계) 만주 지역의 범 동이-북적계 가운데 예맥계(해설 3)가 먼저 한반도에 영향력을 행사한다. 예맥계는 두 가지의 하위 집단으로 분류된다. 하나는 주로 기원전에 발해연안 또는 요동에서 시작해서 한반도 서북부에 영향을 미치는 요녕계

(또는 조선계)인데 간단히 말해서 기원전에 발해연안에서 한반도 서북부로 들어간 집단이다. 그들 집단은 기원전후로 접어들면서 한족 집단(위만-조선과 한 4군)과 혼합이 되어 사실상 정체성을 상실하고 이후 다른 예맥계 집단에게 흡수된다. 그 다른 예맥계 집단은 바로 부여계인데 기원전후를 거쳐서 부여 지역(21 a/ R 3)에서 시작해서 남쪽으로 이동하면서 족적을 남긴다.

부여 지역(R 3)의 부여는 북부여라고 불리는데 한반도 동북부(옥저 지역 방면이다)의 동부여란 국가와 구분되는 말이기도 하지만 여타 부여계(아래)가 자리 잡는 지역의 북쪽이란 의미도 포함이 된 듯하다. 부여 즉 북부여 지역에서 압록강 북안으로 내려간 한 집단은 졸본-부여란 소정치체를 세우는데 그들 집단이 이후의 고구려다. 졸본-부여는 그 주변의 비류국, 송양국 등의 소정치체를 병합해서 고대-국가로 발전한다. 초기-국가 또는 부체체(노태돈 1975) 등의 이론이 그 단계의 정황을 잘 설명해 준다. 고구려 국가는 부여계가 주축이 되고 그 주변의 여러 민족집단을 통합한 일종의 다-민족 국가에 해당한다.

한편 졸본-부여에서 출발하는 부여계의 한 집단(온조 집단)은 한강 유역으로 들어가서 십제(21 a/ R 3의 2)란 국을 세운다. 그들은 그 당시 한반도 서남부에서 세력을 확보하고 있던 마한(이른바 3한의 하나다)의 한켠인 한강 유역에서 자리 잡는다. 십제는 이후 인천 지역의 미추홀이란 국(비류 집단)을 흡수해서 백제 연맹체를 이룬 다음 점차 마한 연맹체를 남쪽으로 밀어내고 이후 고대-국가로 발전한다. 이른바 백제의 건국계(부록/ 1)도 국가 단위의 정치체를 세우는 집단이 아니고 국 정도의 소정치체를 세운 집단(십제)이다. '백제본기'(21 a/ 3의 2)에서 왕실 계보의 한 축을 이루는 집단을 후기-건국계(부록/ 1)로 보는 견해도 나와 있지만 아직은 가설에 불과하다.

부여계를 대표하는 고구려 국가는 400년 전후해서 만주 지역 최초의 통합국가를 이루지만 7세기에 당제국과 신라에 멸망 당하고 부여계의 주력 집단은 중국 대륙의 중원 지역으로 사민(徙民)되어 이후 북중국의 한족(해설 3) 집단에 흡수된다.

여타의 부여계는 발해 국가로 흡수된다. 고구려와 발해 국가(본문/ 3)는 이후 한반도 지역 국가의 역사 기획(부록/ 5)을 통해서 엮이기도 하지만 기본적으로는 만주 지역의 북국(21 a/ R 6)(본문/ 3, 4)의 범주에 들어간다. 백제는 그 시작이 부여계의 한 집단이라 하더라도 기본적으로 3한 지역 또는 한반도 지역의 국가(김한규 2004; 노태돈 2009)인데 이후 다른 집단에게 흡수되어 결정적인 역할은 하지 못한다.

(동호계) 동호계는 서부 만주(역사적으로 내-몽골의 동부를 포함하는 지역이다)의 흥안령 산맥 주변 초원 지대에서 기원하는 범 동이-북적계의 일파다. 내-몽골로 연결되어 있는 그 지역은 대표적인 유목 지역인데 대체적으로 말해서 요하, 송화강 등 만주의 주요 하천의 북쪽에 해당하는 지역이다. 요하는 우리가 어느 정도 알고 있듯이 발해로 흘러 들어가는 강이다. 송화강은 백두산에서 발원해서 북쪽으로 흘러가다(북류 송화강) 눈강과 합류해서 동쪽으로 흘러가서(동류 송화강) 아무르강으로 합류한다. 북류 송화강과 만나는 눈강은 흥안령 산맥 지역에서 흘러오는 하천이다. 케룰렌강, 아르곤강은 초원 지

대의 규모가 작은 강이다.

"삼국지" '위지'의 '오환선비동이열전'(위)의 오환, 선비가 대표적인 초반의 동호계 민족집단인데 선비는 만주보다는 중국 대륙에서 더 뚜렷한 족적을 남긴다(북조를 세운 집단이다). 수/당제국도 한화(漢化)된 선비족 출신이 그 핵심 세력을 이룬다. 이어서 다른 동호계인 거란 요(907~1125)가 등장해서 현재의 북경 부근인 연운 16주까지 지배하다 이후 여진 금(아래)에게 자리를 내주고 서쪽으로 밀려난다(서요). 하지만 현재 중앙아시아와 러시아에서는 그들 집단의 이름(카타이/ Cathay 즉 거란)이 바로 중국을 의미한다. 거란 요는 고려조와 대치한 만주 지역 북국(본문/ 4) 가운데 하나다.

이후 동호계는 실위(역시 서부 만주 흥안령 주변의 집단 가운데 하나다) 집단이 부상한다. 그 가운데 현재의 몽골 고원으로 진출한 몽올-실위가 이후의 동호계를 대표하는 집단이 된다. 동호계 가운데서 몽골 고원으로 들어가는 그들이 유일하게 현재까지 정체성을 유지하고 있다. 다만 그 지역은 원래는 투르크계(T)가 활동하던 곳이었는데(흉노/ 돌궐) 그들 집단이 중앙아시아 쪽으로 이동하면서 동호계 계통이 그 지역을 차지하게 되고 그들 집단이 이후 몽골계(M) 집단으로 확대되어 나간다. 알타이언어(해설 3) 사용 집단(TMT) 가운데 하나인 몽골계는 동호계의 후속 집단이 그 주력을 이룬다고 할 수 있다.

몽올-실위의 후예인 몽골 원(원제국)은 중국 대륙 전체를 지배한다. 몽골 고원 지역과 그곳의 여러 민족집단을 통합한 몽골 원은 여진 금을 멸망시키고 대륙으로 들어가는데 이후 몽골 원이 만주 지역을 지배하게 된다. 여진 금을 정복한 몽골은 중국 대륙을 본격적으로 공략하기 이전에 후방의 고려조를 침략하는데 30년 전쟁 끝에 고려조는 몽골 원(원제국)의 지배를 받게 된다. 원제국이 북쪽으로 퇴각한 후에 명제국의 지배를 받던 만주 지역은 다시 여진 후금(이후의 청제국)으로 넘어간다. 17세기 이후 청제국이 중국 대륙을 지배할 때는 청의 황제가 몽골의 칸을 겸했다. 원제국의 그림자는 여진 후금과 청제국에도 드리워진 셈이다.

(읍루계) 동부 만주 산림 지대의 범 동이-북적계인 읍루계 (숙신계)는 현재의 연해주 주변에서 기원하는데 읍루가 초반의 이름이다. 읍루(폴체) 문화권을 이루던 그 집단은 이후 옥저(크로우노프카) 문화권으로 좀 더 남하한다(강인욱 2021). 읍루는 한반도 동해안 지역의 동옥저/ 예와 마찬가지로 읍락 단위 정도의 정치 조직을 가진 집단이지만 동옥저/ 예가 고구려와 비슷한 언어와 풍습을 가진 데 비해서 그들은 다른 언어를 사용하고 수혈(竪穴) 주거지에서 살면서 돼지도 사육하는 등 독특한 문화를 지니고 있다. "진서"에 나오는 숙신이란 용어도 읍루계의 후속 집단을 의미하는데(강인욱 2021) 이하에서는 숙신계보다는 읍루계란 용어를 사용한다

읍루계는 상대적으로 문명의 중심지로부터 멀리 떨어진 동부 만주 지역에서 오랜 기간 수렵과 어로 생활을 하다가 철기 시대에 와서 그 존재가 드러나기 시작한다. 그 집단은 읍루 → 물길 → 말갈 → 여진으로 계기적으로 이어지는데 퉁구스계(T) 또는 만주-퉁구스계로 분류가 된다. 그들은 한반도에서 비교적 가까운 지역의 집단이라 상대적으로 자주 역사에 등장해

서 우리에게 익숙한 편이다. 읍루는 옥저, 동예와 함께 언급되고("삼국지" '동이전') 말갈은 발해 국가의 주축 집단이고("삼국유사" '기이제일') 여진은 금과 후금(청)을 세운 집단이다. 만주의 외곽이란 지역 특성이 도리어 읍루계가 오랫동안 살아남은 데 도움이 된다.

6세기 이후의 읍루계 집단인 말갈이 한민족 집단과 관련이 있다는 주장도 나오는데 물론 말갈이 직접적으로 한민족 집단의 기원이 된다는 방식은 아니다. 그보다는 그 집단이 주축이 되는 국가인 발해(698~926)가 한반도 남부의 신라(더 정확히 말해서 '대-신라')와 함께 이른바 남-북국을 이룬다는 일종의 역사 기획(부록/ 5)에서 나오는 간접적인 기원 이론인 셈이다. 그 이론은 부여계(위) 국가인 고구려가 한반도 남부의 백제, 신라와 함께 3국을 이룬다는 주장과 쌍벽을 이룬다. 현재 북한에서 북국-중심(21 a/ R 6의 2)의 역사 계보를 기획하면서 '고구려 → 발해 → 고려조'의 역사를 구성한다(본문/ 3).

읍루계인 말갈이 한민족의 기원이 된다는 주장은 그다지

설득력이 없다. 그들보다는 그 이후 시대의 여진 집단이 한반도의 한민족과 더 직접적인 관련이 있다고 할 수 있다. 왜냐하면 한반도 북부 특히 동계(함경도) 지역은 오랜 기간 여진의 거주 지역이었는데 그 지역의 여진이 이후 한반도의 한민족 집단으로 흡수되기 때문이다. 그들 집단은 고려조와 조선조를 거치면서 한반도 국가의 영토로 편입이 된다. 특히 동계 지역의 여진계는 북방계 한민족(해설 3)의 주축을 이룬다고 할 만하다. 현재 한민족 집단의 Y-염색체 DNA(해설 3) 분석상의 C 계열의 유전자(대략 10%를 조금 넘는 비중을 보인다)는 주로 여진계의 유전자적 영향으로 보인다.

3 북국⑴

한반도 북방의 북국(21 a/ R 6)이 학술적인 용어로 사용되려면 당연히 그 범위와 맥락이 정해지지 않으면 안 된다. 그 용어는 앞서 논의한 바의 북방(2) 즉 비-시베리아 가운데서 만주(Manchuria)의 이른바 범 동이-북적계(본문/ 2)가 세운 그 지역의 통합국가를 말한다. 광개토대왕 이후의 고구려 및 발해, 요, 금, 원, 청이 그 범주에 들어간다. 그 가운데 원은 동부 만주의 동호계에서 시작해서 몽골로 들어가고 다시 만주와 북중국과 남중국을 정복한 국가다. 북국은 '남국'과 대비되는 용어인데 남국은 한반도 남부(중남부) 지역을 기반으로 성립하는 한반도 3조(21 a/ R 7의 3)인 대-신라, 고려조, 조선조를 지칭한다. 그때는 '동국 한국 남국'(21 a/ R 6의 4)의 남국이다.

(고구려)

부여계(예맥계의 하위 집단이다)(부록/ 4)가 세운 고구려 국가는 두 단계로 나누어 볼 수 있다. 대략 3~400년 이전과 그 이후다. 먼저 그 이전을 보면 북-부여에서 압록강 북안으로 내려오는 부여계 집단이라 여겨지는 그들은 그 지역에서 졸본-부여란 소정치체(국)를 세우고 그 주변의 비류국, 행인국 등을 점차로 흡수하면서 세력을 키워간다. 한무제의 침공으로 한족(해설 3) 세력이 한반도 서북부로 들어오면서 그 지역에도 한 4군의 하나인 현도군이 세워진다. 그 지역은 상당 기간 현도군의 지배를 받지만 평양 부근의 낙랑군과는 달리 현도군은 그 지역을 오랜 기간 지속적으로 지배하진 못한다.

"삼국사기"(1145)란 책은 기본적으로 고려조의 후-3국 3국 소급(해설 2/ 4)이란 시각에서 쓰여진 것이다. 따라서 10세기의 후-신라(대-신라 말기를 말한다)/ 후-고구려/ 후-백제란 국가의 기원이 기원전 1세기에 건국되는 신라/ 고구려/ 백제라고 설정하는 것이 주목적이다. 그런 만큼 1~300년(또는 1~400년) 사이의 역사가 있는 그대로 기술되지는 않는다. 다시 말해서 기원전후의 소정치체가 오랜 기간에 걸쳐 국가(신라/ 고구려/ 백제)로 진화한다는 사실이 반영되어 있지 않다. 특히 '신라본기'(권제1)/ '백제본기'(권제23)의 혁거세 거서간/ 온조왕 부분은 그들 시조 왕을 중심으로 매우 축약된 형태의 기술을 보이고 있다.

'고구려본기'(권제13)의 동명성왕 기사도 '신라본기'/ '백제본기'만큼은 아니지만 어느 정도의 각색은 거친 것으로 보는 것이 맞을 것이다. 물론 한반도 남부인 3한 지역보다는 한반도 북부 또는 만주 지역(여기서는 요서/ 요동과 거기서 상대적으로 가까운 지역을 말한다)은 역사 발전 단계가 빠른 것도 사실이지만 실질적인 의미의 국가가 성립되는 것은 상당히 뒤의 일이라고 보아야 한다. 고구려는 백제보다는 빠르겠지만 낙랑군이 313년까지 존속한 만큼 그 시기는 크게 빠르다고 할 수는 없을 것이다. 백제의 경우는 300년을 기준으로 그보다 조금 빠르고 신라의 경우는 그보다 늦다고 볼 수 있다.

더구나 고구려가 그냥 초기-국가/ 국가 수준이 아니라 만주 지역의 통합국가를 세우는 문자 그대로의 '북국(위)이 된 것은 훨씬 더 뒤의 일이라고 해야 한다. 대략 그 시기는 광개토왕(391~413) 이후 또는 장수왕(413~491) 때라고 보는 것이 더 합리적일 듯하다. 당시의 만주에서는 서부 만주 동호계(본문/ 2)의 강자인 선비족은 북중국으로 들어가서 386년 이래로 북위, 서위, 동위, 북주, 북제, 수/ 당제국 등을 거치면서 북중국(북조)과 전체 중국(수/ 당제국)을 지배한다. 그 시기에 고구려는 주변의 여러 민족집단을 정복하고 만주 지역 최초의 통합국가를 세우는데 이후 그 지역에는 발해, 요, 금, 원, 청이 그 뒤를 잇는다.

　남쪽의 신라의 지배자가 초기의 이사금이란 칭호에서 마립간이란 칭호로 바뀌던 시기가 내물왕(내물 마립간)(356~402) 때다. 그 기간도 사실상 신라는 고구려의 간섭을 받았다. 356년/ 393년 백제와 왜의 침략을 받았던 신라는 고구려에 도움을 요청하고 이후 광개토왕이 5만의 병력을 동원해서 그들을 몰아낸다(399). 그 사이에 고구려에 볼모로 가 있던 실성이 내물왕의 뒤를 이어 왕위를 계승하기까지 한다(402). 이후 신라는 같은 3한 지역의 백제와 동맹을 맺고(나제동맹 433/ 결혼동맹 493) 고구려의 남진을 저지한다. 고구려는 장수왕 때 한반도 서북부인 평양으로 수도를 옮기고 남진 정책을 추진하지만 한반도 남부를 완전히 장악하지 못하고 불안 요인을 남기게 된다.

고구려도 일종의 정복 국가이지만 엄밀한 의미의 정복 국가는 북중국을 지배한 요, 금(본문/ 4)과 그 이후의 북국을 말한다. 결국 고구려는 한반도 북부의 양계(본문/ 5) 지역은 지배했지만 3한(21 a/ R 7) 지역은 정복하지 못하고 이후 도리어 협공을 당해서 사라지고 만다. 고구려가 당과 신라의 연합군에 멸망 당하고 그곳의 핵심 세력인 부여계 고구려인은 중원 지역으로 사민(徙民) 된다(아래). 당제국은 상당한 규모인 구 고구려 지역(9도독부 42주 100현)을 지배하기 위해서 평양에 안동 도호부(668)를 설치하지만 요동/ 요서로 철수하고 이후 안동 도독부(699)로 축소되고 결국은 안녹산의 난 때 폐지된다(758).

수/ 당 양 제국의 정벌을 여러 번 저지한 바 있는 고구려는 중국에게 상당히 두려운 집단이었음이 분명하다. 당제국은 고구려를 정복한 후 적극적인 사민 정책을 써서 그들을 완전히 제압하려고 한다. 그래서 고구려의 핵심 집단인 부여계는 대부분이 중원 지역으로 옮겨진다. 그들은 이후 북중국의 한족(해설 3) 집단과 혼합이 되어 민족적 정체성을 잃게 된다. 당제국의 수도로 옮겨졌던 백제 의자왕 후손들도 비슷한 과정을 밟는데 하남성(낙양시)/ 섬서성에서 발견된 부여융(아들)/ 태비 부여씨(증손녀)의 묘지명이 그것을 잘 말해준다. 그뿐 아니라 북중국에 정복자로 들어간 북방의 여러 정복 왕조의 지배자 집단도 마찬가지 길을 걷는다.

(발해)

"삼국유사"('기이제일)의 말갈 발해 조란 이름이 말해주듯이 발해(698~926)는 부여계의 국가가 아니라 엄연히 말갈 특히 속말 말갈이 주축이 되는 국가다(그 외에 백산 말갈도 주요 그룹이다). 발해는 영주(요녕성 조양시)로 사민된 말갈 집단이 도주해서 당제국의 추격을 벗어나서 세운 국가이고 이후 당제국으로부터 '발해군왕'(713) '발해국왕'(762) '해동성국'(831에서 857 사이)이란 칭호를 받은 국가이다. 말갈은 "북제서"에서 563년의 기사에 처음 나오는 용어인데 읍루, 물길에서 이어지고 이후 여진, 만주족으로 이어지는 동부 만주의 읍루계(숙신계)(본문/ 2) 집단이다. 여하튼 여러 사서에서 발해는 말갈의 분파('말갈 별종')으로 인식되고 있는 것이 사실이다.

수/ 당제국 때의 말갈은 대체로 7부족으로 구분되는 것으로 나와 있다. 그 가운데 송화강 유역의 속말 말갈과 두만강 유역의 백산 말갈이 비교적 잘 알려져 있고 발해 국가도 그들 집단과 연관성이 높다. 기타 백돌/ 안거골/ 불녈/ 호실/ 흑

수의 5부족은 동부 만주의 삼림 지역에서 수렵 생활을 하는 단계였던 것으로 보인다. 대조영은 속말 말갈("오대사"/ "삼국유사") 또는 백산 말갈 출신으로 간주된다. 그 인물은 요동의 영주(현재의 요녕성 조양시)로 사민된 말갈 집단의 후예다. 그의 아버지인 걸걸중상이 걸비사우란 인물과 함께 696년 그 지역의 거란계인 이진충/ 손만영의 반란을 틈타서 동쪽으로 도주한다.

말갈계의 고구려 유민에 해당하는 두 사람은 세력을 규합해서 동으로 가는 도중 당제국의 회유와 토벌 양면 작전에 맞서다 죽는다. 그 세력은 현재의 요녕/ 길림성 경계 부근의 천문령에서 벌어진 전투에서 승리하면서 당의 추격을 벗어나서 드디어 아버지를 이은 대조영(고왕)이 옛 읍루의 땅인 동모성(현재의 연변 조선족 자치주 돈화현)에서 698년 진단국을 세우고 713년에는 당제국으로부터 인정을 받는다('발해군왕'으로 봉해진다). 이후 무왕과 문왕을 거치면서 북쪽의 흑룡강/ 남쪽의 대동강~원산만의 경계를 확정하고 762년 '발해국왕'에 봉해지고 이후 831~857년 사이에 '해동성국'이란 평가를 받는다.

여하튼 발해란 국가가 말갈이란 동부 만주의 읍루계(숙신계) 민족집단과 일차적 관련이 있다는 것은 부인할 수 없는 사실이다. "삼국유사"('기이제일') 말갈 발해 조(6개 기사로 되어 있다)의 첫 번째 기사는 발해는 본래 속말 말갈인데 추장 대조영이 진단이란 국가를 세운다는 내용으로 시작한다. 다만 713년(당제국으로부터 '발해군왕'에 봉해진 해인데 '발해국왕'보다는 낮은 지위다) 말갈이란 명칭을 버리고 발해로 부르게 된다는 내용이 더해진다. "삼국유사"에서는 그 집단을 '고려(고구려) 잔얼'(21 a/ R 3의 5)이라고 부르지만 그 기사도 결국 마지막에는 그 '고려 잔얼'(고구려의 잔여세력)이 말갈의 분파(말갈 별종)이라 결론을 짓고 있다.

발해 국가(698~926)는 고구려와 함께 거론되는 경우도 있다. 고려조 후기의 "삼국유사", "제왕운기" 두 책에서도 발해를 고구려와 관련지어서 논의하고 있다. "삼국유사" '기이제일'의 말갈 발해 조에서는 발해 국가를 '고려 잔얼'로 파악하고 발해를 세운 대조영을 '고려 구장' 즉 이전에 고구려의 장수였던 인물로 규정하고 있다. "제왕운기"(권하)에서는 좀 더 복잡하게 '고구려, 후-고구려, 발해'를 엮는 형식을 시도한다. 하지만 기본적으로는 고려조가 후-3국을 통합하고 발해 유민 일부를 흡수한다는 것 이상은 말하고 있지 않다. 결국 그 두 책에서는 발해와 신라(대-신라)란 구도는 없다(아래).

고려조 후기 역사서에서 발해 국가를 고구려와 관련지어서 논의한 것은 말하자면 고구려가 발해에 대해서 역사적 주권(21 a/ R 3의 5)이 있다는 유의 주장이다. 현재는 중국이 발해 국가 심지어는 고구려에 대한 역사적 주권을 주장하고 있고 러시아(현재 이전의 동부 만주의 상당 부분을 차지하는 연해주를 지배하고 있다)도 은연중에 말갈의 역사에 대한 역사적 주권을 주장하고 있기도 하다. 중국은 현대뿐 아니라 이전에도 고구려 영토에 대한 역사적 주권을 주장한 바 있다("구당서" 권63 열전 13). 하지만 그 압권은 바로 "삼국사기"인데 고려조는 후-3국 3국 소급설(해설 2/ 4)을 통해 고구려를 확실히 차지한다.

발해 국가가 신라(대-신라)(또는 통일-신라 또는 후기-신라)와 발해의 이른바 남-북국으로 자리매김되는 것은 한참 뒤

56

의 일이다. 고려조 후기에는 단순히 북쪽의 고구려와 발해의 관계가 언급될 뿐 남쪽의 국가와의 관련은 논의되지 않고 있다. 조선조 후기에 유득공이란 인물이 "발해고"란 책을 짓는 데 '군고/ 신고/ 지리고/ 직관고/ 의장고/ 물산고/ 국어고/ 국서고/ 속국고'의 9개의 주제를 중심으로 발해에 대한 기술을 한 것이다. 그런데 유득공은 그 책의 '서'에서 역사에 대한 단상을 말하는데 고려조가 '발해의 역사'를 기술하지 않은 것을 한탄한다. 그래서 북쪽의 거란(요), 여진(금)에 대해서 '발해의 역사'에 대한 역사적 주권을 주장하지 못하게 되었다는 게 그요지다.

유득공이 제기한 바의 신라와 발해의 남-북국의 '남-북국사'란 도식은 이후 북한에서 '발해와 후기-신라'의 '남-북국사'로 편제된다. 북한에서 그들이 구성한 북국 계보론(21 a/ R 6의 2)의 한 부분으로 들어간 발해 역사(사회 과학원 1979~1983)는 남한 학계가 그대로 수입해서 교과서에 올린다. 참고로 북한은 남한에 대한 북한의 우위를 확립하기 위해서 평양과 양계(본문/ 5) 중심의 '고조선 → 고구려 → 발해 → 고려 → 리조 →

북한'이란 계보를 제시한다. 고려조가 고구려를 끌어 붙인 것은 사실이지만 적어도 '후-3국에서 3국으로'라는 "삼국사기"의 원칙은 확실하게 한 반면 북한은 그 이상을 설정하는 셈이다 (아래).

(조선사)

역사 연구에서 북한은 독특한 체계를 세우고 있다. 그것은 북국-중심(21 a/ R 6의 2)의 역사 체계다. 북한은 한반도 지역에서 역사적으로 변방 지역에 속하는 양계(본문/ 5) 지역을 그 주요 영토로 하고 있다. 양계는 북계(서북면)와 동계(동북면)인데 현재의 평안도와 함경도에 해당한다. 물론 현재 북한의 수도인 평양도 그 지역 안에 들어간다. 북한은 한반도 3조(21 a/ R 7의 3)의 중심 지역에 해당하는 현재의 남한 지역이 아니라 북한 지역과 한반도의 북쪽인 북국(본문/ 3, 4)을 중심으로 역사 체계를 수립하고자 한다. 그래서 일찍부터 고구려, 발해 중심의 역사를 시도해서 '고조선 → 고구려 → 발해 → 고려 → 리조 → 북한'의 계보론을 구성한다.

남한의 한국사도 여러 가지 복잡한 문제를 안고 있는 체계이지만 북한의 조선사("조선전사"가 그것을 대표한다)는 우리의 상상을 초월하는 부분이 있다. 북한의 역사인 조선사는 기본적으로 유물 사관에 입각해서 이른바 사회 발전 5단계설을 적용해서 쓴 것인데 지배와 피지배의 계급 투쟁사라는 관점에서 쓰여진 것이라는 것은 잘 알려져 있는 바와 같다. 그것은 신-중국(중화인민공화국)과 마찬가지로 북한이 공산당(노동당)이 '영도'하는 국가이고 철학과 역사 분야도 사회주의 사상에 입각해서 쓰여지기 때문이다. 특히 사상과 철학 분야가 중시되고 역사 서술에도 그러한 부분이 많이 반영이 되어 있다.

"조선전사"의 시대구분은 북한의 역사 해석을 잘 보여주고 있다. 원시 공동 사회(50만 년 전부터 기원전 1000년까지), 고대 노예 소유제 사회(이른바 고조선에 해당한다), 중세 봉건 사회(삼국에서 조선조 말까지), 근대 자본주의 사회(1860년대에서 1920년대까지), 현대 공산주의 사회(1920년대에서 현재까지)의 5단계로 이루어져 있다. 북한의 시대구분은 상당히 어지러운 양상을 보여주는 남한의 시대구분(손동완 2018, 2019)에 비해서는 선명한 측면이 있는 것은 사실이지만 서양 사회를 기준으로 만든 5단계설을 동아시아 그것도 한반도 지역에 적용한 것이니만큼 무리한 부분이 적지 않다.

인류학적 단일성을 가지고 있다(이른바 본토설의 주장이다, 부록/ 3)는 원시 공동 사회는 넘어가기로 하고 고대 노예 소유제 사회의 설정도 문제가 적지 않다. 5단계설에서 빠뜨릴 수 없는 그 단계를 만들어 넣기 위해서 기원전 1000년대를 고조선이란 이름으로 규정하고 여러 가지 설명을 하지만 생경한 부분이 너무 많다. 중세 봉건 사회도 기원전후에서 1860년경까지 엄청나게 오랜 기간이 부여된다. 근대 자본주의 사회도 1860년대에서 1920년대까지 설정되지만 남한의 식민지 근대화론을 둘러싼 논쟁이 보여주듯 그 시대의 해석은 만만치가 않은데 반제/ 반봉건의 인민민주주의 혁명 수행 단계가 필요한 북한에게 빠뜨릴 수 없는 시기다.

여하튼 북한은 그러한 방식의 시대구분에 입각해서 원시 편, 고대 편을 거쳐서 중세 편을 고구려사부터 시작한다(3권). 이어서 백제와 신라(전기-신라)와 가야사가 다루어진다(4권). 그다음이 특징적인데 '발해 및 후기 신라사'라는 이름으로 북국(위)과 남국을 대조한 이른바 남-북국사를 제시하고 있다. 그것은 앞서 말한 바대로 조선조 후기의 유득공이 내놓은 남-북국의 남-북국사를 적용한 것인데 그 체계의 문제점에 대해서는 이미 언급한 바 있다. 전체적으로 보면 중세 봉건 사회의 앞부분에 해당하는 시기를 북국인 고구려와 발해를 중심으로 틀을 짜고 서술하고 있는데 철저한 북국-중심의 이론이다.

그다음의 두 책은 의외로 "발해 및 고려사 1"(6권), "발해 및 고려사 2"(7권)란 이름이 붙어 있다. 한반도 지역에서 한민족이란 집단을 형성시킨 대표적인 두 국가는 당연히 고려/ 조선 양조다. 그런데 북한은 리조사(8권에서 12권까지) 앞의 고려사를 대-신라(통일-신라 또는 후기-신라)와의 관련해서 보지 않고 발해와의 관련 속에서 보려고 하는 의도를 강하게 내비치고 있는 셈이다. 물론 북국-중심으로 가야 하는 북한의 입장이 있는 것은 사실이지만 '발해 및 고려사'는 어떤 근거를 끌어낸다 하더라도 그 연관 관계는 약할 수밖에 없고 북한 조선사의 결정적인 약점일 수밖에 없을 듯하다.

바로 앞에서 본 바처럼 북한의 조선사는 "발해 및 후기 신라사"(5권), "발해 및 고려사 1"(6권), "발해 및 고려사 2"(7권)를 중세 중반의 핵심으로 하고 있다. 하지만 정작 고려조는 그 자신이 발해의 계승자라고 전혀 생각하지 않고 그렇게 주장 하지도 않는다. 오히려 "삼국사기"의 찬술을 통하여 신라, 고 구려, 백제("삼국사기" 본기에 실린 순이다)의 계승자라고 주장 한다. 다시 말해서 고려조가 자신의 기원을 설정한 "삼국사 기"에서 발해는 완전히 제외되고 '발해 역사'는 기록조차 되 지 않는다. 물론 고려조 후기의 역사서에서 고려조가 발해에 대한 역사적 주권(21 a/ R 3의 5)을 주장하는 견해가 들어가 있 긴 하지만(위) 그것은 다른 문제다.

한민족(조선민족) 집단의 기원이란 측면에서 볼 때 북한 조 선사는 한민족 집단이 알타이언어(해설 3) 사용 집단의 하나 인 퉁구스계(T) 그 가운데서도 만주-퉁구스계의 한 집단인 말갈 집단에서 기원한다고 해석이 될 여지가 충분하다. 어떻 게 말하면 북한은 무리하게 5단계설에 맞추어 역사를 재단 하는 것을 넘어서 발해 중심의 한민족 집단의 역사라는 아주 특이한 역사 해석과 역사 기획을 감행한다고 볼 수도 있다.

물론 북한은 고구려 국가를 계승하는 발해 국가란 면을 강조하면서 이리저리 핵심을 피해가겠지만 북국-중심의 계보론을 만든 만큼 관련 논의에도 책임을 회피하지 말고 솔직해져야 할 필요가 있어 보인다.

4 북국(2)

고구려, 발해는 만주 지역 범 동이-북적계(본문/ 2)가 세운 그 지역의 통합국가임은 분명하지만 그 세력권이 만주 지역에 머무른다(본문/ 3). 반면 그 두 국가 이후의 그 지역 통합국가인 요, 금, 원은 본격적인 정복 왕조로 분류된다. 그 세 국가는 중국 정사에도 올라가서 이른바 24사의 일부분을 구성한다. 요, 금, 원은 우리 역사에도 자주 등장하는데 그것은 고려조가 그 존속 기간 동안 그 세 북국과 대치했기 때문이다. 그러한 정치-군사적 상황이 현재의 한민족 집단의 형성과도 관련이 있다는 견해도 주목할 만하다(대 북국 론). 명제국 때는 여진 세력의 약화로 그 지역의 통합국가가 나오지 못하지만 임란 이후 후금(청제국)이 다시 등장한다.

(요, 금, 원)

한반도 지역에서 대-신라(676~935)를 이어서 오랜 기간 존속한 고려조(918 또는 935~1392)는 전기에는 그 북쪽의 요, 금 그리고 후기에는 원과 대치한다. 마지막에는 원제국의 지배를 받게 되지만 대외 관계란 면에서 북국과의 관련이 매우 선명하게 드러나는 시기라 할 만하다. 다시 말해서 고려조 당시의 북국(요, 금, 원)이 고려조 이전의 북국(고구려, 발해)보다 훨씬 더 분명하게 다가온다. 그 이전의 대-신라 당시의 북국(발해)은 고려조의 북국(요, 금, 원)에 비해서 그 남쪽과 상대적으로 더 평화로운 관계를 유지한다. 참고로 더 이전의 북국(3~400년 이후의 고구려)은 한반도 3조(대-신라, 고려조, 조선조)와 맞물리는 북국은 아니다.

'요, 금, 원'은 본격적인 정복 왕조로 불리는 국가이기도 하다. 몽골 원은 말할 것도 없고 거란 요와 여진 금도 북중국으로 진출한 국가이기 때문이다. 서부 만주의 동호계(본문/ 2)인 거란 요는 북중국의 일부인 연운 16주를 지배하고 동부 만주의 읍루계(숙신계)(본문/ 2)인 여진 금은 북중국의 대부분을 지배한다. 당시의 중국은 각각 송(북송)과 남송이다. 이미 4세기에 서부 만주의 동호계인 선비가 북중국으로 들어가서 북위를 세우고 이후 서위, 동위, 북주, 북제로 이어지면서 이른바 남북조(420~589) 시대의 북조를 이루기도 하지만 그들은 일찌감치 한화(漢化)된다. 이후 10세기부터 다시 만주의 범 동이-북적계(본문/ 2)가 북중국과 남중국으로 들어가게 된다.

10세기부터 14세기까지 적지 않은 기간을 이민족의 영향권 하에서 살아온 북중국 특히 현재의 북경 지역은 다른 지역과는 다른 환경에서 다른 문화가 지배한다. 북경 지역은 거란 요의 남경(5경의 하나)이었다가 다시 여진 금의 중도(원래의 수도인 흑룡강성의 상경이 그곳으로 옮겨간다)였다가 다시 몽골 원의 대도(원제국의 수도다)로 바뀐다. 원래 진/ 한제국에서 수/ 당제국까지 중국의 수도는 거의 중원 지역(주로 낙양과 장안)이었는데 송(개봉) 이후에는 북경(또는 남경)으로 옮겨간다. 오랜 기간 변방이었던 그 지역이 정치적 중심지로 부상하고 언어란 면에서도 그 지역의 언어가 중국의 표준어로 올라가게 된다.

현재의 중국의 표준어인 보통화(푸퉁화)는 한어라고 불리기도 한다. 이때의 한어는 한문의 한어가 아니라 '한아 언어'의 한어라고 한다(정광 2010). 고려조의 "한어도감"(고려조 후기 '한아 언어'를 가르치는 관서다)의 그 한어인데 북중국 한인(남중국 남인과 구분된다)의 언어다. 그 언어는 북경 지역의 언어를 기반으로 한 것인데 그 이전의 중국의 표준어인 중원 지역의 아언/ 통어와는 계통이 다르다. 그 언어는 시노-티베탄(한-장어) 계통의 언어와 알타이언어(해설 3) 계통의 언어가 혼합된 언어인데 그 언어가 관화로 발전해서 화북 지역은 물론 서북/ 서남 지역까지 퍼진다. 그 결과 다른 지역의 언어는 방언(오어, 월어, 민어, 상어, 감어)으로 남게 된다.

요, 금, 원의 원은 세계 제국을 이룬 몽골 원인데 몽골 고원에서 출발해서 만주의 여진 금을 정복하고 배후의 고려조를 굴복시키고 북중국으로 들어가고 곧이어서 남중국까지 정벌해서 전 중국을 지배한다. 칭기즈칸이 1206년 대-몽골 울루스를 세운 이래 1368년 대도(북경)를 버리고 초원으로 돌아갈 때까지(북원) 동아시아 지역은 몽골 원의 영향력 아래 있었다.

그 후 명제국 때는 북국에 해당하는 정치체가 없었지만(당시 여진은 명과 조선조의 통제하에 있었다) 이후 여진 후금(청)이 부상하면서 북국의 계보는 '요, 금, 원, 청'이 되는 셈이다. 그 가운데 원과 청(청의 황제는 몽골의 대칸을 겸했다)은 중국 대륙 전체를 지배한 정복 국가다.

'요, 금, 원, 청' 가운데 몽골 원은 원래 서부 만주의 동호계에서 기원하는데 몽올-실위란 집단이 몽골 고원의 세력 공백을 틈타서 그곳으로 들어가서 그 지역의 여러 집단을 통합해서 대-몽골 울루스를 세우고 이후 유라시아에 걸친 여러 울루스의 연합(김호동 2016)인 세계 제국을 세운다. 유라시아 서쪽은 러시아 연방 지역의 킵차크 한국/ 이란 지역의 일 한국이 있지만 동쪽은 현재 신강 지역인 차가타이(오구데이는 차가타이로 통합된다)를 제외하면 거의 원제국의 영향권에 있었다고 할 수 있다. 몽골 원은 여진 금을 정복하고 고려조를 굴복시키고 중국으로 들어가면서 동아시아 전체의 지배자가 된다.

(북국 제국)

앞서 말한 바처럼 요, 금, 원은 고구려/ 발해와는 달리 본격적인 정복 국가로 북중국을 지배하고 특히 원은 남중국까지 지배한다. 4세기 이후 북중국을 지배한 북조(386~581)와 마찬가지로 요, 금, 원은 중국의 역사에도 편입이 되는 국가다. 야율(耶律)씨의 거란 요(907~1125)와 완안(完顔)씨의 여진 금(1115~1234)와 패아지근(孛兒只斤)씨의 몽골 원(1206~1386)은 중국의 정사인 24사에 올라가 있다. 1206년에 원을 건국한 인물은 우리에게 징기스칸(成吉思汗)으로 잘 알려져 있지만 원래의 이름은 보르지긴 테무진이다. 그래서 그 이전의 북조의 탁발(拓跋)씨, 요의 야율씨, 금의 완안씨와 함께 원의 패아지근(보르지긴/ 孛兒只斤)씨도 중국에서 왕조를 연 성씨가 된다.

24사는 "사기", "한서", "후한서", "삼국지", "진서", "송서", "남제서", "양서", "진서", "위서", "북제서", "주서", "수서", "남사", "북사", "구당서", "신당서", "구오대사", "신오대사", "송사", "요사", "금사", "원사", "명사"인데 "신원사" 또는 "청사고"를 넣어서 25사라고 부르기도 한다. 그 가운데 앞의 "진서"(晉書)는 3국을 통일한 진의 역사이고 뒤의 "진서"(陳書)는 남북조의 남조인 송제량진(아래)의 진이다. 한편 앞의 "송서"는 남조의 송제량진의 송이고 뒤의 송서는 당송(팔대가) 송명(이학)의 송이다. 요, 금, 원 가운데 원은 24사 가운데 송사, 요사, 금사를 편찬해서 그 자신이 역사 공동체 중국의 일원임을 과시한다.

원의 역사인 "원사"는 그 후속 왕조인 명이 기록하는데 중화민국에서 "신원사"가 다시 나온다. 요, 금, 원 가운데 북중국과 남중국을 다 아우르는 그야말로 제국의 반열에 오른 것은 원이다. 어떤 면에서는 몽골 원은 그 이전의 어떤 역대 중국의 국가보다 더 광범위한 제국을 이룬다고 할 수 있다. 그것도 이른바 울루스의 연합인 세계 제국 급인 몽골 제국 가운데 서쪽의 킵차크 한국/ 일 한국을 제외하고 다시 현재의 신강 위구르 자치구의 차가타이 한국을 빼고도 원제국은 중국과 몽골과 티베트와 만주와 그 주변 지역을 아우르는 엄청난 규모를 자랑한다. 한반도도 물론 그 영향권 하에 들어간다.

중국의 역대 왕조 가운데 제국이란 이름에 합당한 국가는 진/ 한제국과 수/ 당제국과 원제국과 청제국 정도라고 할 수 있다. 그 가운데 진(秦)과 수는 각각 바로 뒤의 한제국과 당제국에 그 길을 열어주고 단명한 경우에 속한다. 수/ 당제국은 순수한 한족 왕조라고 하기보다는 북조(386~581)의 이민족 왕조의 한화된 지배층의 후속 세력이라고 할 수 있고 그만큼 더 포용적인 제국을 꾸려갔다고 할 수도 있다. 그 외의 원제국과 청제국은 '북국' 제국의 범주에 들어간다. 원제국은 그 이전의 투르크계(T)의 유목 제국(흉노/ 돌궐)과 유사한 측면이 많다는 것도 사실이지만 요, 금, 원으로 묶이는 데서도 알 수 있듯이 '북국'적인 면도 많이 있다.

원제국은 앞서 말한 유목 제국보다는 전형적인 '북국' 제국인 청제국과 더 유사한 면이 더 많다고 할 수도 있다. 특히 중국 대륙으로 들어가서 그 지역의 지배자로 중국 정사에 남았다는 측면에서는 유목 제국들과는 비교할 수 없는 큰 차이가 있다. 물론 원제국은 마지막에 초원 지역으로 돌아가면서(북원이 된다) 그 덕분에 정체성을 유지하고 아직도 역사 공동체를 유지하고 있는 반면 청제국은 중국을 상대적으로 더 오랜 기간 지배하면서 도리어 동화되어 버린 차이가 있긴 하다. 물론 몽골 가운데 중국과 가까운 내-몽골은 상당히 동화가 진행되는 것도 사실이지만 아직까지 외-몽골은 그 자신의 정체성을 유지하고 있다.

한반도 지역과 관련해서는 북국 가운데서 고구려, 발해, 요, 금에 비해서는 물론 원과 청이 더 특별한 방식의 영향을 미친다. 왜냐하면 그 두 국가가 한반도 지역 국가를 완전히 굴복시킨 것뿐만이 아니라 그 이상의 의미가 있기 때문이다. 그것은 그들이 '중국(중원)/ 만주(북국)/ 한반도(남국)'의 틀(김한규 2004; 이삼성 2009)을 넘어서서 '중국(중원) 더하기 만주(북국)'의 막강한 영향력을 행사했기 때문이다. 고려조가 만주의 요, 금과도 책봉 조공의 관계를 맺은 적도 있지만 그것은 그 틀 안에서의 일시적인 현상이고 조선조가 명제국과 책봉 조공 관계를 지속하지만 그것도 원제국과 청제국 같은 '중국 더하기 만주'의 국가와의 관계와는 완전히 다르다.

물론 우리의 기억 속에는 조선조 당시의 명제국이 책봉 조공 체제의 전형으로 남아 있다. 하지만 그것은 고려조 말기의 공민왕이 반원 정책의 일환으로 시작해서(1370) 이성계의 회군과 조선조의 건국(1392)으로 이어지고 마침 당시 여진 세력 약화로 북국에 해당하는 국가가 없었던 데서 오는 일시적인 틀(위)의 부재로 인해서 과장되어 보이는 것일 뿐이다. 사실상 명과의 관계는 원과 청 같은 '중국 더하기 만주'의 제국과는 비교할 수 없고 그 관계도 형식적이고 사실상 동맹의 관계에 가까운 것이라고 보아야 할 것이다. 대체로 중원 제국의 천하 체제는 상당히 형식적인 것이고 위의 틀이 전제된 동맹의 역할을 한 것이라 해석해야 한다.

적어도 원제국과 청제국은 중국(중원) 제국 같은 형식적인 체제가 아니라 실질적인 체제를 부과했다 할 수 있다. 한반도 국가는 그 두 집단과 국가의 명운을 건 전쟁을 불사했지만 결국 굴복해서 형식적인 책봉 조공 체제 그 이상으로 들어간다. 특히 고려조는 원과의 항전(1231~1259)의 국면을 거쳐서 책봉 조공 관계를 맺는데 원제국은 왕실의 통혼을 통해서 혈연적

일체화를 도모해서 그 이전의 형식적인 책봉이 아니라 실제적인 권한 행사를 했다는 평가를 받기도 한다(이삼성 2009). 청제국은 삼전도와 그 이후의 상황이 말해주듯이 명제국과는 전혀 다른 모습을 보여주고 그 기억은 치욕적이기까지 하다.

청제국(애신각라 愛新覺羅 씨)은 1616년 여진 후금으로 시작해서 1636년에 청으로 국호를 바꾸고 배후의 조선조를 굴복시킨 이후 1644년에 산해관을 넘어서 '중국 더하기 만주'의 북국 제국의 반열에 오른다. 초반부터 그 지배자들이 유교적 교양을 바탕으로 한 지배를 추구해서 겉으로는 잘 드러나지는 않지만 청의 황제가 공식적으로 몽골의 칸을 겸하는 것에서 볼 수 있듯이 그 앞의 몽골 원과의 보이지 않는 유대를 구현하고 있다. 청제국은 그 이전의 몽골 원의 영역이던 티베트와 신강까지 복속시킨다. 성리학적 사유가 지배하던 조선조 후기의 소중화 의식에도 불구하고 대략 100년이 지난 다음에는 북학파가 보여주듯 청제국에 대한 이미지는 상당히 달라진다.

(정통상전송)

　고려조 후기의 역사서인 "제왕운기"는 '권상'에서 중국의 역
사를 15단락으로 읊고 있는데 마지막에 '정통상전송'이란 부
분이 붙어 있다. 거기서 저자 이승휴(1224~1300)는 일종의 역
사상 정통을 설정하는 계보론을 제시하고 있다. 대략 전설 시
대, 하상주, 진한위진, 송제량진, 수당 5대 조송, 금 원으로 이
어진다. 참고로 우리에게 비교적 익숙한 춘추-전국 시대는
하상주의 주(서주/ 동주로 나뉜다) 가운데서도 동주에 속한다.
진한위진의 진한은 춘추-전국 시대를 통일한 진(秦)제국과 그
뒤를 잇는 한(漢)제국이고 위진의 위(魏)는 바로 "삼국지"의
위/ 촉/ 오의 위나라이고 다른 진(晉)이 세 나라를 통일한다.

　진한위진에 이은 송제량진은 중국의 이른바 남조(420~589)
에 해당한다. 진한위진 이후 중국 대륙은 북중국의 이민족
왕조인 북조/ 남중국의 한족 왕조인 남조가 대치하는 이른바
남북조 시대가 전개된다. 이승휴는 북조(북위, 동위, 서위, 북
제, 북주)를 정통으로 보지 않고 남조(송, 제, 양, 진)를 일단 정

통으로 놓고 있다. 중국에서 남조(한족 왕조)를 정통으로 놓는 것은 충분히 그럴 수 있는 상황이라 할 수 있지만 몽골 원 중심의 역사(아래)를 구성하는 이승휴가 북조가 아니라 남조를 정통으로 놓는 것은 약간 이례적인 것이라 할 수도 있다. 남조는 백제와 교류하는데 그에 관한 기록도 남아 있다.

송제량진에 이어서 '수당, 5대, 조송(북송)'으로 넘어가는데 앞의 하상주 진한위진처럼 별다른 논란이 없는 구간이다. 다만 이승휴는 최종적으로 여진 금과 몽골 원을 정통으로 보고 있다. 여진 금은 중국에서 원에게 길을 열어주는 역할을 하고 있다는 것이 정통 상전(相傳)하는 계보에 들어간 이유일 것이다. 반면 만주의 주요 북국인 요, 금, 원의 거란 요는 계보에 없다. 거란 요 외에도 앞 시대의 이민족 왕조인 북조 특히 북위(386~534)는 정통에서 제외하고 있는 것(대신 남조의 송제량진이 들어간다)은 무엇보다 4세기 이래의 북위가 13세기의 원에게 큰 공헌을 하지 못하기 때문일 것이다.

"제왕운기"(권상) '정통상전송'의 계보는 물론 고려조 후기 몽골 원 간섭기가 자리 잡은 것을 의미한다. 이승휴는 말하자면 이제현(아래)과 같은 시각으로 몽골을 바라보고 그 시각으로 역사의 정통을 논한다고 할 수 있다. 고려조 후기를 대표하는 문장가 가운데 이규보와 이제현의 몽골에 대한 입장이 다르다고 한다(박종기 2015). '동명왕 편'("동국이상국집")을 지은 이규보(1169~1241)는 대 몽골 항쟁기(1231~1259)에 활동하는 인물이고 "익제난고"를 지은 이제현(1288~1376)은 그 이후의 인물이다. 아직까지 원의 체제가 들어서기 이전의 인물인 이규보에 비해서 이제현은 그 체제를 당연한 그 무엇으로 생각한다.

이승휴는 "제왕운기"의 첫머리인 '제왕운기진정인표'에서 당시의 고려왕(원종의 아들인 충렬왕이다)이 원제국의 '천자의 누이'(天妹)를 비로 맞은 것에 엄청난 의미를 부여한 바 있다. 몽골 원 간섭기의 고려왕 또는 심양왕(만주 요양 행성에서 그곳 고려인을 통치하는 기구의 수장에게 내리는 칭호로 고려왕보다 높은 서열이었다)이 원 황실 내에서도 높은 서열을 차지하고 황실의 후계 구도에도 영향력을 행사한 것은 그러한 혼인이 가져온 결과라고 할 수 있다. 여하튼 고려조와 대치하던 북국인 요, 금, 원의 금과 원을 정통으로 놓는 것은 지금의 관점에서는 상당히 놀라운 일일 수도 있다.

'정통상전송'의 북국-중심의 정통론은 당시의 세계 질서의 중심이었던 몽골 원에 충실한 것이고 고려조 후기 몽골 지배 하의 역사 인식을 잘 보여주는 것이긴 하지만 씁쓸하긴 하다. 또 하나 이승휴의 같은 책(권하)의 한 4군 관련 단락에서 보이는 사대적인 경향(21 a/ R 2의 2)은 바로 그 단락에서 보여주는 자존적인 경향(단군-기원 설)과는 잘 어울리지 않는 것이라 할 수 있다. 물론 고려조 후기의 두 역사서(둘 다 단군-기원설의 문헌적 근거가 된다) 가운데 불교적인 사적을 많이 수록한 "삼국유사"보다는 유교적인 시각이 더 많이 들어갈 수밖에 없는 "제왕운기"가 더 보수적일 수밖에 없다는 한계가 있다.

세계 제국인 원의 치하에서 고려조는 국가를 유지해서 일종의 제후국의 지위를 보장받지만 사실상 국가와 비-국가 사이의 회색지대라는 평가도 받는다(이삼성 2009). 여하튼 고려조는 그 과정에서 원제국의 부마국이 되고 그 조정에서 어느 정도 영향력을 행사하는 위치에 서기도 한다. 그리고 그 구성원들은 그 이전의 대 몽골의 항쟁을 과거사로 돌리고 어떻게 본다면 초국적인 인식을 가지게 된지도 모른다. 그러한 제국의 하위 단위로서의 초국적인 인식은 한때 문학에서도 다뤄진 바 있는데 1990년대 당시 유행하던 세계화 담론과 관련하여 갑자기 몽골 지배하의 고려조가 주요 소재로 등장한다. 이어서 몽골과 남한이 연방 국가로 통합해야 한다는 주장(황석영)도 나온 바 있다.

전형적인 북국 제국(위)인 원과 청은 한반도 국가에게는 상당히 이례적인 존재이기도 하다. '중국(중원)/ 만주(북국)/ 한반도(남국)'의 균형이 깨진 시기에 동아시아의 지배자가 된 그 두 국가는 처음에는 한반도 국가(고려조와 조선조)와 상당한 갈등을 일으키고 전쟁으로 치닫고 굴복을 시키고 엄청난 고통을 준다. 하지만 북국 제국이 '중국(중원) 더하기 만주(북국)'의 반열에 오른 뒤에는 이전의 중원 제국과 같은 지위를 가지고 중국 역사의 일부가 된다. 그리고 한반도 국가는 그들 국가와 책봉 조공 관계를 맺고 시간이 어느 정도 지난 다음에는 그 질서의 일부가 되고 어떤 면에서는 평화기가 상당 기간 계속이 된다.

5 양계

양계는 고려조의 북계(서북면)와 동계(동북면) 또는 조선조의 평안도와 함경도 또는 현재의 북한(조선민주주의인민공화국)에 해당하는 지역이다. 양계 지역은 한반도 또는 한반도의 한민족 집단이란 견지에서는 변방 지역인 것은 분명하다. 하지만 그 지역도 오랜 기간의 역사를 가진 만큼 몇 가지 측면에서 좀 더 자세히 살펴볼 필요가 있을 것이다. 그 지역은 기본적으로 3한(21 a/ R 7)과 북국(본문/ 3, 4) 사이의 지역이다. 말하자면 '3한과 북국지간'(R 5)이라고 정의할 수 있을 듯하다. 그 지역은 원래는 북국의 영역이었다가 이후 오랜 기간에 걸쳐서 3한을 기반으로 하는 국가인 남국(동국 한국 남국의 남국이다)으로 편입이 된다.

(북계와 동계)

　북계(서북면/ 현재의 평안도) 지역은 현재의 북한(조선민주주의 인민공화국)의 핵심 지역을 이루고 있다. 그 가운데서도 평양은 정치 및 문화의 중심지 역할을 한다. 또한 평양은 한민족 집단의 기원에 관한 이론(기원 이론) 가운데 내재론(내재적 발전론)의 한 축을 이루는 평양설(해설 2/ 6)의 주 무대이기도 하다. 이전에 평양은 장수왕 이래의 북국(본문/ 3, 4) 즉 고구려의 수도였고 더 이전에는 조선, 위만-조선, 한 4군의 중심지였다. 하지만 고려/ 조선 양조에서 평양은 북계의 중심지 역할을 할 정도였고 그 이전인 대-신라 기에는 상당 기간 신라(대-신라)와 발해 사이의 변방 지역의 일부에 지나지 않았다.

　평양 이북인 청천강 유역은 고려조에 주 방어선 역할을 한 지역이다(동계 지역은 용흥강 유역이 주 방어선 역할을 한다). 청천강 수계는 대략 정주에서 희천까지에 해당하고 주변에 안주/ 박천 평야와 운산/ 영변 분지가 자리하고 있다. 그 지역은 일찍부터 여러 진영 취락이 발달한 곳인데 고려조 전기에 거란 요와 대치하던 때 많은 행정 구역이 설치가 된다. 삭주, 위주, 인주, 태주, 용주, 선주, 곽주, 구주, 운주, 염주, 박주, 가주, 영주 등(1018)이다. 천리장성은 대략 압록강 입구에서 희천을 지나간다. 이른바 청북 8읍은 박천(박주), 가산(가주), 정주, 곽산(곽주), 선천(선주), 철산, 용천(용주), 태천(태주)인데 홍경래의 난(1811) 때에 거의 다 반란군의 손에 들어간 지역이다.

다시 그 이북은 압록강의 강변 7읍이다. 강변 7읍은 압록강 하구인 의주(그다음이 삭주다) 위로 압록강을 끼고 있는 창성, 벽동, 초산, 위원, 강계, 자성, 후창의 7읍을 일컫는 용어다. 그 지역에서 가장 큰 고을은 강계인데 원래 천리장성 이북이었다가 공민왕 10년(1368)에 고려조의 영토가 된다(만호부가 설치된다). 조선조 전기에 강계부/ 강계도호부(1413)가 설치되고 조선조 후기에는 도호부사(강계진 병마첨절제사를 겸한다)가 강변우방어사/ 청북우방어사(아래) 직위를 겸임한다. 현재의 국경 도시 만포진(만포시)은 그 5진의 하나였다. 그 바로 건너편이 고구려의 수도였던 집안(중국 동북 길림성 통화시)이다.

한편 동계(동북면/ 현재의 함경도) 지역은 고려조를 기준으로
는 교주도(삭방도)(영서 지역) 밖의 지역이 확장된 것이라 할 수
있다. 원래 동계는 현재 기준으로 강원도의 영동 지방과 함경
도 함흥 이남 지역과 경상북도의 해안 지역까지 포괄하던 지
역이었다(그 지역은 이전에는 동예 지역에 해당하는데 상당 기간
독립적인 영역을 유지한 바 있다). 그러다가 고려조 말(특히 공민
왕 대)에서 조선조 초로 가면서 함흥 이북 지역으로 급속하게
확장되어 현재의 평안도의 북계(서북면)/ 함경도의 동계(동북
면)란 개념이 가능하게 된다. 당연히 양계 가운데 북계보다는
동계가 훨씬 더 늦게 고려조의 영토로 들어온다.

고려조에는 북계의 청천강과 함께 동계의 용흥강이 주 방
어선 역할을 한 바 있다. 현재의 함경남도인 용흥강 유역에서
정평이 천리장성의 끝에 해당하는 지역이다(그 앞이 동한만에
해당하는 지역인데 서해의 서한만과 대칭되고 엄밀한 의미의 반도
지형은 동한만과 서한만 그 아래 지역인 셈이다). 고려조의 천리
장성(1033~1044 축조)은 북계에서 동계로 이어지는 최단거리의
여러 요새 또는 관문을 이은 것인데 대략 압록강 입구에서

청천강 상류의 희천을 거쳐서 용흥강 유역의 정평(구 안변도호부인 화주 즉 영흥 바로 위다)으로 이어진다. 그 장성은 그 이북의 거란 또는 여진 등의 이민족과의 국경선이자 문화적 구분선에 해당한다.

용흥강 유역은 이전의 남옥저 지역인데 고구려가 장령진을 두었고 한참 뒤인 고려조에 그 지역에 화주안변도호부(995)가 설치된다. 고려조에 5도호부(안동, 안서, 안남, 안북, 안변)의 하나였던 안변도호부는 화주(영흥/ 현재의 금야) 또는 등주(현재의 안변)에 있던 군사적 지방 통치 기구다(고려조에서는 경/ 목/ 도호부가 지역 중심지 역할을 한다). 이전에는 용흥강 일대의 화주(영흥)가 중요한 지역이었는데 쌍성총관부(1258) 화주목(1356)을 거쳐서 조선조에 영흥대도호부(1426)로 바뀌었다. 함경도는 영길도, 함길도, 영안도, 함경도로 여러 번 이름이 바뀌는데 영길도, 영안도의 영은 바로 영흥(화주)에서 딴 명칭이다.

조선조 함경도는 남-북 두 병영(절도사영)으로 관할이 나뉘는데 혜산~단천이 경계선이다. 그 하나가 남병영(북청) 관할 지역인데 그 북단이 갑산이다(북청의 남쪽은 용흥강 유역이고 더 남쪽이 원산이다). 삼수갑산의 그 갑산은 고구려 → 발해(압록부) → 요(거란) → 금(여진) → 원(쌍성총관부)을 거쳐서 갑주만호부(1391), 갑산군을 거쳐 갑산도호부(1461)로 승격해서 부사가 병마첨절제사를 겸하는 등 요충지 역할을 한다. 그 일부가 북계(평안도)로 넘어가는데 바로 4군 지역이 된다(아래). 갑산도호부 아래 혜산진(병마첨절제사) 운총(병마만호) 등이 있었는데 혜산진은 현재 북한 양강도의 도청 소재지다. 양강은 물론 압록강, 두만강 두 강이다.

다른 하나인 북병영(경성) 관할 지역은 한반도의 최북단이자 최고의 군사 방어 지역이었는데 조선조에 최고의 무관들이 배치되는 곳이고 이순신 장군도 그 지역에서 경력을 쌓은 바 있다. 그 지역은 동부 만주의 읍루계(숙신계)(본문/ 2)의 초기 집단 읍루("삼국지" '동이전')와 예맥계(해설 3)의 북옥저가 있었던 지역이자 기원전후 현도군 관할 지역이었다. 이후 고구려, 발해(남해부)를 거쳐서 여진 지역이 된다. 남병영의 북청에서도 한참을 위로 올라가는 하는 그 지역은 오랜 기간

90

여진 지역이었고 조선조 6진 개척 이후에야 한반도 국가로 완전히 편입된다. 현재 그 지역은 러시아와도 일부 국경을 맞대고 있다.

(병마사와 도병마사)

고려조의 여타 5도(해설 3/ 양계와 정치-군사)와는 달리 양계
는 군사적인 면이 아주 강하다. 우선 그 수장의 이름이 안찰
사 또는 안렴사가 아니라 병마사(3품)란 아주 군사적인 명칭
을 사용한다. 여타 5도에 비해서 속현도 매우 적은 편이고 조
세도 현지에서 충당하는 방식이다. 그리고 분도(分道)/ 분대
(分臺) 등의 제도가 시행된다. 그리고 그 산하에는 주/ 현이
아니라 군사적인 단위인 방어진/ 진이 설치된다. 양계에는 병
마사를 비롯해서 지병마사, 병마부사(2인), 병마판관(3인), 병
마녹사(4인) 등 상당히 많은 인원이 내려간다. 방어진도 방어
사(5품)를 비롯해서 방어부사, 판관, 법조까지 적지 않은 인원
이 배치가 된다.

고려조 양계의 군사적인 특색은 조선조의 함경도 그 가운
데서도 북병영(경성) 관할 지역에 강하게 남아 있다. 그 지역은
북병영의 북병사 아래 여러 거진(巨鎭)으로 구성되어 있다. 경
성에 주둔하는 북병사(병마절도사)(종2품)는 경성군의 수령(이

후 도호부사)과 수군 절도사를 겸임하는데 통상 조선 최고의 무관이 파견된다. 그 관할 지역은 거의 다 거진인데 경원진, 경흥진, 온성진, 종성진, 회령진, 부령진, 훈융진, 동관진, 고령진, 유원진, 미전진, 조산포(수군) 등이 그것이다. 여타 6도를 비롯한 다른 지역은 지역 중심지만 거진이고 다른 고을은 제진으로 편성되어 있는 것과는 아주 다르다.

조선조에 양계(함경도와 평안도)의 거진은 모두 31개에 달한다(여타 6도의 거진은 다 합해서 24개일 정도다). 그 지역에는 독진(獨鎭)도 12개나 된다. 참고로 조선조에 그 양 지역 외의 다른 6도는 부윤 또는 목사가 파견되는 지역 중심지(해설 3/ 양계와 정치-군사)에만 거진이 설치된 바 있다. 그 외의 고을은 제진(諸鎭)(대부분이 군 또는 현이다)으로 편제되어 거진의 지휘를 받는다. 6도의 유명무실한 방어체계는 임진왜란 때 큰 오점을 남긴다. 조선조의 병영(병마절도사영)에는 병사와 아관(우후/ 종3품) 정도만 내려가는데 함경도의 북병영에는 예외적으로 문관인 평사(정 6품)가 한 사람 더 내려가는데 북평사라고 부르기도 한다.

고려조는 대-신라에 비해서 유교적인 관료제도가 훨씬 더 많이 채택이 되는데 중국 당제국의 3성/ 송나라의 중추원 두 가지 제도가 도입되어 이른바 '재/ 추 양부'의 조직을 갖춘다. 다만 3성(중서성, 문하성, 상서성)은 중서문하성과 상서 6부로 운영되는데 재신과 성랑(省郞)이 양립하고 중추원은 추신과 승선(承宣)이 양립해서 서로 견제하는 시스템을 구축하고 있다(21 a/ R 5의 4). 조선조 기준으로는 성랑은 언론 기관인 3사에 해당하고 승선은 왕명을 출납하는 승정원에 해당한다. 하지만 고려조는 후기로 가면서 도당(도평의사사)이라는 특유의 기관이 국정을 담당하는 체제로 간다. 도당은 기본적으로 위의 양부의 재신과 추신이 합좌하는 기관이긴 하지만 맥락이 다르다.

사실상 고려조의 국정을 전담한 도당(도평의사사)은 '도병마사'란 기관에서 시작이 되는데 도병마사는 물론 앞서 언급한 양계의 수장인 병마사와 관련이 있다. 도병마사는 원래 양계의 병마사를 지휘하는 병마판사에서 기원한다. 고려/ 조선 양조에서 판사는 재판 업무를 담당하는 직위가 아니라 영사처럼 특정한 기관을 감독하는 최고위직을 말한다(예를 들면 조선조의 영의정은 경연/ 홍문관/ 예문관/ 춘추관/ 관상감 다섯 기관의 영사를 겸직한다). 다시 말해서 중앙에서 양계의 병마사를 지휘하는 병마판사 관련 기관인 도병마사가 이후 확대되어 군사와 민사를 모두 총괄하는 도당으로 발전하게 된다.

고려조 후기 국정을 전담하던 도당이 바로 도병마사가 발전해서 나온 기관이란 것은 고려조에서 '대 북국'의 방어 지역인 양계의 비중이 어떤 정도인지 미루어 짐작할 수 있게 하는 장면이다. 고려조는 그 존속 기간 내내 북방의 북국(본문/ 3, 4)인 요, 금, 원과 대치하면서 집단의 사활을 걸어 온 만큼 양계와 병마사와 도병마사가 중시된 듯하다. 조선조로 와서 도당은 의정부로 개편되는데 1500년을 전후한 시점에는 국방 관련 기관인 비변사가 성립하고 임진왜란을 거치면서 그 기능이 확대되어 조선조 후기에는 사실상 비변사가 군사와 민사를 모두 총괄하는 기관이 되고 의정부는 유명무실해진다. 고려조 후기의 도당과 조선조 후기의 비변사는 닮은 점이 적지 않다.

그 병마사의 지휘를 받는 고려조 양계의 방어진과 방어사는 고려조의 '대-북국' 방어에서 핵심적인 역할을 한다. '10도 12주'의 절도사제(해설 3/ 양계와 정치-군사) 하에서 도단련사/단련사가 차례로 폐지되고(1005) 방어사도 점차 폐지된다. 하지만 양계 지역 특히 관내도, 삭방도(강원도), 패서도(평안도)의 방어사는 그대로 존속하는데 염주, 안주, 봉주, 신주, 평주, 동주, 곡주(이상 관내도) 고주, 용주, 문주(이상 삭방도) 운주, 연주, 박주, 가주, 무주, 순주, 태주, 은주, 숙주(이상 패서도)가 대표적이다. 이후 양계 지역의 방어사는 증가하는 추세였다. 의주 부근의 정주방어사(1033)가 신설된 것이 그 예다.

조선조가 되어서도 일부 지역에서는 고려조의 방어진의 흔적이 보인다. 압록강 유역의 이른바 강변 7읍 강계(강계부/ 강계도호부)는 조선조 후기에는 도호부사(강계진 병마첨절제사를 겸임한다)가 '강변우방어사' 또는 '청북우방어사'라는 직함을 가진 것에서도 알 수 있다. 강변의 강은 물론 압록강이고 청북의 청은 청천강이다. 국경 부근의 고을은 사실상 방어진의 역할을 한다. 물론 앞서 말한 바의 조선조 함경도 북병영 관할 지역인 6진 지역의 경원부, 경흥부, 온성부, 종성부, 회령부, 부령부는 사실상 경원진, 경흥진, 온성진, 종성진, 회령진, 부령진이란 거진인데 고려조의 방어진에 가깝다.

　역사학계에서는 고려조와 조선조의 관련에 대해서 그동안 역성혁명이란 용어에 매몰되어 그 단절성을 확보하는 데 치중했지만 현재는 그 연속성에 주목하는 담론이 더 중시되고 있는 듯하다. 고려조가 불교를 중시한 것은 맞지만 정치 체제란 면에서는 일찍부터 유교 이데올로기(21 a/ R 2의 1)가 지배해 온 것이 사실이다. 고려조 전기인 광종 때의 과거제 도입은 말할 것도 없고 그 이후의 기자(21 a/ T 4) 관련 인식도 그런 면을 잘 보여준다. 그리고 유교적 관료제는 고려조와 조선조가 거의 별다른 차이는 없고 제도사(21 a/ R 5의 4)란 면에서는 상당한 연속성을 보여주고 있다.

(북한)

북한(조선민주주의인민공화국)의 영토는 이전의 양계 지역에 걸쳐 있다. 현재 북한은 도- 시군-읍리(북한의 리는 우리의 면에 해당한다)의 행정 구역으로 구분되어 있다. 광역 행정 구역인 도(직할시, 특별시도 동급이다)는 황해북도, 황해남도를 제외하고는 동계 지역의 함경북도, 나선 특별시, 양강도, 함경남도, 강원도/ 북계 지역의 자강도, 평안북도, 평안남도, 평양직할시, 남포특별시로 되어 있다. 그 가운데 양강도와 자강도가 우리에게 비교적 낯선 이름인데 양강도는 1895년의 23부제(이 때의 부는 광역 행정 구역이다) 하의 갑산부에 해당하고 자강도는 강계부에 해당한다. 국경 지역인 양강도와 자강도는 조선조의 4군 지역(아래)과도 관련이 있다.

먼저 북계 지역의 자강도, 평안북도, 평안남도, 평양직할시, 남포특별시 가운데 자강도(자성/ 강계의 앞글자를 딴 것이다)는 앞서 말한 바처럼 23부제 하의 강계부에 해당하고 평안북도와 평안남도는 각각 23부제 하의 의주부와 평양부에 해당한다. 평양직할시와 남포특별시는 평양부에 포함되는 지역이다. 20세기에 와서 북한을 오랜 기간 지배한 김일성가(김일성, 김정일, 김정은)는 평안남도 출신이다. 김일성(1912~1994)은 평남 대동에서 태어나서 이후 만주로 들어가는데 백두산에서 항일 투쟁을 했다고 하고 일본 패망 때 소련군과 함께 북한으로 들어가서 조선민주주의인민공화국을 세우고 3대에 걸쳐서 북한을 강권 통치하고 있다.

다음으로 동계 지역의 함경북도, 나선특별시, 양강도, 함경남도, 강원도 가운데 함경북도는 23부제 하의 경성부와 거의 일치하는데 과거의 북병영 지역(위)이다. 다만 함경북도의 두만강 하류 일부가 나선특별시로 구분되어 있다(북한에서 특별시는 남포특별시가 하나 더 있다). 양강도는 앞서 말한 대로 23부제의 갑산부에 해당한다. 북한의 함경남도는 과거의 함경남도에서 북쪽의 양강도(갑산부)를 빼고 남쪽의 원산 일대를 제외한 지역이다. 금강산이 있는 북부 강원도 지역과 바로 위에서 말한 과거의 함경남도 원산 일대를 합한 것이 현재 북한의 강원도다. 현재 북한과 남한 모두 강원도란 광역 행정 구역이 있다.

  현재의 북한 영토는 상당 부분이 이전의 양계 지역이고 그
지역은 상당 기간 북국(본문/ 3, 4)의 영역에 속해 있었다는 것
을 이미 말한 바와 같다. 그 가운데서 이른바 '4군 6진' 지역이
가장 늦게 한반도 국가로 편입이 된다. 6진 지역은 북병영(경
성) 지역(위) 가운데서 최북단 지역이라 상대적으로 인식하기
쉬운 편이다. 6진은 두만강 하류 남안의 6개의 요충지(경흥, 경
원, 온성, 종성, 회령, 부령)인데 이른바 6진 개척은 대략 세종
때 본격화된다. 그 지역은 현재 북한의 함경북도에 속한다(앞
서 말한 바처럼 북한의 함경북도는 조선조의 북병영 지역 또는 23부
제의 경성부와 거의 일치한다).

  두만강 하류인 경원(이전의 공주)은 일찍이 무역소(1406)가
있었고 비교적 이른 시기에 경원부가 되지만 중심지를 여러
번 옮긴 끝에 현재 위치가 되고 더 아래쪽(바다 쪽)은 경흥부
로 분리된다(현재의 나선 특별시는 그 일부다). 현재 북한에서 경
원은 새별군 그리고 경흥은 은덕군으로 이름이 바뀌었다. 경

원의 위쪽(백두산 쪽)이 한반도 최북단인 온성이고 조금 더 두만강을 거슬러 올라가면 종성이다. 그 두 지역은 군이 되고 이어서 도호부(1441)가 된다. 두만강의 더 위쪽은 회령인데 조금 더 일찍 회령부가 되었다. 거기서 남으로 관통하면 북병영이 있던 경성이다. 부령부(1449)는 회령부와 경성부 중간쯤에 있었다.

두만강 하류 지역은 이성계 가계의 출신 지역이다. 그의 조상들은 고려조 후기 원제국 쌍성총관부에 속한 그 지역에서 다루가치 또는 천호로 여진을 다스렸다. 고려조 말에 이성계는 조상들의 지역적인 배경과 자신의 군사적인 재능을 바탕으로 여진족, 홍건적, 왜구 등과의 수많은 전투에서 승리하면서 점차 실권을 장악해서 결국은 위화도 회군을 감행하고 조선조를 건국한다. 함흥차사란 용어에서 볼 수 있듯이 이성계는 함흥에 머무른 때가 있었는데 그곳은 정확히 말해서 이성계의 외가 지역이다. 6진 지역에서 여진 세력이 득세하자 이성계가는 조상들의 묘소를 함흥으로 옮겨온다.

한편 4군은 조선조 기준으로 대략 평안도 강계와 함경도 갑산의 위쪽 압록강 남안의 여러 지역이다. 그 지역은 당연히 고려조 천리장성의 북쪽인데 강계를 포함해서 거란 또는 여진 지역이었다. 공민왕 때 강계는 물론 창성, 벽동, 초산(그 셋은 압록강 강변에 있다)까지 고려조의 영토가 되지만 4군 지역은 여전히 여진 지역으로 남아 있다가 조선조에 4군을 거쳐서 한반도 국가로 편입이 된다. 4군 지역 위쪽은 현재의 중국 동북 길림성 백산시('지급')다. 우리에게 한반도에서 가장 추운 지역이라고 알려져 있는 중강진(여연)도 이전의 4군 지역이었다. 중강진은 현재 북한에서 중강군이 되어 있다.

조선조에 현재의 중강군(중강진)이 갑산군에서 분리되어 여연군(1416)이 설치되고 이어서 여연군과 강계 사이에 자성군(자강도의 '자' 자는 자성의 '자'다)이 들어선다. 중강진 동쪽에는 무창군(1442)이 설치되고 이후 중강진과 자성 사이에 우예군(1443)도 생긴다. 하지만 4군은 여연/ 무창/ 우예군이 먼저 폐지되고(1445) 이후 자성군도 폐지된다(1459). 이른바 폐 4군 지역은 거주가 금지되다 자성군과 후창군(후주진+무창진)(1664년

102

이후)으로 살아난다. 현재는 자성은 자강도에/ 후창(김형직)은 양강도에 소속되어 있다. 김형직은 김일성의 부친인데 양강도 후창은 김형직군으로 이름이 바뀌었다. 4군 지역은 최근까지도 변동을 겪은 셈이다.

부록/ 기원 이론 4

저자가 줄곧 말해온 바처럼 지구상의 여러 가지 다양한 민족집단 가운데 한반도의 한민족 집단은 특히 그 기원을 알기가 힘든 편이다. 저자가 지금까지 내놓은 바의 기초 연구에 해당하는 여러 책도 그러한 사정을 잘 말해주고 있다. 그런 만큼 그 분야에 대한 연구는 모호한 결론으로 이어질 가능성이 크다. 어쩌면 '반 기원'(손동완 2018)의 접근이 그 주제의 연구에 더 어울리는 것이라 할 수도 있다. 그렇다 하더라도 그간의 연구 결과를 취합해서 한민족의 기원에 관한 가능한 한 합리적인 결론을 도출하는 일은 여전히 필요해 보인다. 이 글은 현재까지 진행된 한반도의 한민족 집단의 기원에 관한 이론(기원 이론)을 일괄한 것이라 할 수 있다. (이하 21 a/ 21 b는 본문과 동/ 9쪽 참조)

1 하나의 기원

한민족이란 집단(Koreans)은 누구인가, 라는 문제를 둘러싸고 아마추어 수준 연구자들의 여러 가지 잡다한 주장이 나오고 있다. 그 바탕에는 극단적인 민족주의가 깔려 있고 종교적 근본주의가 작용하는 경우도 있다. 특히 언론의 관심을 끄는 데 급급한 선정적인 민족주의 성향에서 벗어나서 제대로 된 논의를 하려면 20세기를 거치면서 이루어 온 수준 있는 역사 연구를 충분히 반영해야 한다. 그렇게 할 경우에만 진실을 향한 논의가 진전될 것이기 때문이다. 여기서는 한민족이란 집단이 '하나의 기원'에서 나온다는 주장부터 먼저 검토해 보려고 한다. 그 주제와 관련된 몇 가지 논의도 아울러 살펴본다.

(정복자-기원)

한반도 지역은 그곳의 주축 집단이 잘 드러나지 않는다. 그것은 그 지역의 민족집단이 '고도의 문명'(해설 2/ 3)을 바탕으로 성립한 것이 아니란 것도 한 원인일 것이다. 지구상에서 이집트(이집트인), 그리스(그리스인), 로마(이탈리아인), 중국(한족) 정도가 그러한 유형에 들어간다. 예를 들면 이집트는 나일강 유역의 문명을 기반으로 해서 이미 기원전에 거의 3000년의 오랜 기간에 걸쳐 민족집단이 형성되는데 이후 계속되는 이민족 지배(마케도니아, 로마 제국, 아랍, 프랑스, 영국)에도 불구하고 그 정체성을 유지해 왔다. 기원전 1000년대 유럽의 그리스와 로마 문명도 그리스인과 로마인(이후의 이탈리아인)이란 민족집단을 형성시킨다.

유사-역사학에서는 고조선이 '고도의 문명'을 이룬 사회라고 주장하고 있지만 그것은 그들만의 희망 사항일 뿐이다. "삼국유사"에 나오는 바의 기원전 2333년에 시작된다고 하는 고조선(왕검-조선)은 신화를 근거로 한 서사이지 유물이나 유적으로 뒷받침되는 문화가 전혀 없고 더구나 문명과는 거리가 멀다. 한반도와 일본 열도 지역은 이른 시기의 신석기 문명이 나오지 않는다. 그 두 지역의 신석기시대는 아직 수렵, 채집, 어로 단계에 머무르기 때문이다(노혁진 1994). 다만 일본 열도에서 비교적 이른 시기에 토기가 나오지만 농경과는 상관이 없는 특이한 경우이고 한반도 지역에서는 기원전 1000년대에 와서야 본격적인 초기-농경이 진행이 된다(21 a/ R 7의 2).

한편 한반도 지역에는 뚜렷한 정복자 집단도 없는 듯하다(아래). 그런 만큼 그 지역에서 그 주축 집단이 잘 드러나지 않는 것은 당연한 일일지도 모른다. 지구상에는 정복자-기원(해설 2/ 2) 방식으로 쉽게 설명이 될 수 있는 지역이 적지 않다. 예를 들면 서아시아 특히 북 인도는 기원전 15세기에 들어가는 아리안족의 정복자 집단이 주축이 되어 현재 인도 아-대륙의 사회와 문화를 이룬다. 유럽도 게르만족을 비롯한 여러 집단이 정복자로 들어가면서 각 지역의 민족집단이 형성된다. 현재의 신대륙은 당연히 정복자-기원 유형이다. 주로 유럽에서 들어가는 집단의 후손 또는 그들과 선주민의 혼합 집단(예를 들면 메스티소)이 주축을 이루기 때문이다.

중앙아시아는 대부분 투르크계의 정복자 집단에서 기원하는 민족집단이 많다. 알타이언어(해설 3) 사용 집단인 TMT(해설 3) 가운데 투르크계(T)는 몽골 고원을 거쳐서 중앙아시아 쪽으로 들어가기 때문이다. 그들 가운데 가장 멀리 이동한 집단이 바로 아나톨리아 반도의 터키인데 현재 유전자적으로는 소수화되지만 주축 집단인 그들의 언어(터키어/ Turkish)가 사용된다. 동아시아 지역도 중국의 한족(해설 3)은 원래는 기원전 1000년대에 '고도의 문명'을 바탕으로 성립하는 민족집단이지만 그 후 화북에서 화중/ 화남까지 정복자-기원 유형으로 확산된다. 현재의 태국도 중국 서남부의 태족이 인도-차이나 반도로 정복자로 들어간 경우다.

한반도 지역은 적어도 전형적인 정복자-기원 유형을 보이지 않는다. 물론 기원전후 한반도 북부(서북부)에서 남부(중남부) 쪽으로 들어간다는 집단이 설정되기도 한다. 이른바 g 3(해설 3)가 그들인데 조선계, 한족계 그리고 부여계(한강 유역)

세 집단을 말한다. 조선계, 한족계는 위만-조선(-194~-108) 멸망 후에 3한 지역으로 들어간다는 두 집단을 말한다. 하지만 그 두 집단과 한강 유역의 부여계(십제)가 한반도 남부(중남부)에 정복자-기원 유형으로 들어가서 이후 그 지역의 주축 집단이 되는지는 의문이 아닐 수 없다. 한강 유역의 부여계라는 십제는 마한의 일부로 시작되는데 크게 보면 "삼국사기"의 건국 집단(아래)에 해당한다.

(건국계와 후기-건국계)

위에서 논의한 것처럼 현재의 한민족 집단은 그 주축(해설 2/ 1)이 되는 집단이 잘 밝혀져 있지 않다. 그렇다고 해서 한반도 지역의 유력 집단들이 그들의 기원을 추구하지 않은 것은 아니다. 10세기 고려조가 그들의 기원을 3국으로 설정한 것이 대표적이다. 고려조를 세운 세력들이 그들의 정통성을 강조하기 위해 만든바 통합의 이데올로기는 고려조의 기원을 3국으로 놓고 그것을 "삼국사기"(1145)란 책으로 확정한다. 그 책에서는 3국의 건국 집단이 기술이 되고 있다. 하지만 '신라본기'(권제1), '고구려본기'(권제13), '백제본기'(권제23)의 그 집단은 사실상 국 단계의 소정치체(21 a/ R 7의 2)이지 문자 그대로 건국을 하는 국가 단계의 정복자 집단은 아닌 것이 분명하다.

이른바 "삼국사기"의 건국계가 아니라 그 이후의 정복자 집단에 의해서 문자 그대로의 건국이 이루어진다는 가설이 바로 후기-건국계(손동완 2018) 설이다. 3한 지역에서는 우선 4세기 신라의 마립간 집단(356~500) 또는 백제의 근초고왕

(346~375)을 그 후보로 넣을 수 있을 듯하다. 신라의 마립간 집단은 여러 곳에서 언급이 된 바 있다(21 a/ R 1의 1). 그리고 백제의 13대 근초고왕은 '백제본기'(21 a/ 3의 2)의 온조-초고왕 계가 8대 고이왕에서 12대 계왕까지의 다른 한 계열을 넘어서 다시 이어진다는 바의 그 왕이다. 왕실이 교립(交立)하는 상황에서 내물왕이나 근초고왕같이 전환점이 되는 왕은 주목을 받을 수밖에 없다.

조금 더 앞 시대인 백제의 고이왕(234~286)도 주목을 받는다. 그 왕은 바로 위에서 언급한 바의 온조-초고왕 계와 이후의 근초고왕 계 사이에 끼어 있는 다른 한 계보(8대 고이왕, 9대 책계왕, 10대 분서왕, 한 대를 뛰어넘어 12대 계왕)의 맨 앞에 있는 왕이다. 16좌평 16관등제를 확립하고 목지국을 병합한 것으로 되어 있고 목지국 진왕설, 우씨설(왕실의 부여씨 또는 해씨 설과 대비된다), 맥계(말갈) 관련설, 구이설(온조, 비류가 아니라 구이가 백제의 시조란 설) 등의 논의와도 얽혀 있는 고이왕이지만 그 앞의 계보에 충실할 경우 68세에 즉위해서 120세까지 왕위에 있는 걸로 되어 있어 주의를 할 필요가 있다.

바로 위에서 언급한 마립간 집단 또는 '백제본기'의 집단들이 이른바 후기-건국계에 해당하는 집단인지에 대해서는 더 많은 논의가 필요하다. 물론 그 이론이 기원후의 한반도 지역의 역사 발전 단계와 부합하는지도 따져보아야 한다. 일본에서도 이른바 기마민족설이 줄곧 제기되어 왔다. 대략 4세기 만주의 송화강 중류의 한 민족집단이 한반도를 거쳐서 일본으로 가서 야마토 시대를 연다는 정복자-기원 유형의 가설이다(대체로 그 집단을 부여계라 보기도 한다). 하지만 기마민족설은 20세기 초반 일본의 제국주의 고고학자의 북방-기원설 또는 임나일본부설과도 연결되어 있다는 혐의가 있다.

(결합설 문제)

한민족 관련 연구에서 유독 결합설이 두드러진다(해설 2의 1). 결합설은 여러 가지 형태가 있는데 한민족 집단은 고구려, 백제, 신라가 결합해서 이루어진다, 또는 신라, 발해가 결합해서 이루어진다 등이 대표적이다. 그러한 결합설은 기본적으로 3국설/ 남-북국설 등의 역사 기획(부록/ 5)에 기대서 나온 것이다. 또한 3한계(해설 3), 부여계(부록/ 4)가 결합해서 한민족 집단이 이루어진다는 방식도 있는데 그것은 고구려, 백제, 신라가 결합해서 이뤄진다는 설의 다른 버전에 불과하다(아래). 결국 3국설 등의 역사 기획과 그것에 기댄 여러 가지 결합설도 한민족 집단이 기원이 불확실하고 주축 집단이 잘 드러나지 않는다는 것을 잘 보여준다.

이른바 '예, 맥, 한 결합설'도 3한계, 부여계가 결합해서 한민족 집단이 이루어진다는 설의 다른 방식에 불과하다. 왜냐하면 예, 맥, 한의 한은 3한계를 말하고 예, 맥은 부여계와 관련성이 높은 집단이기 때문이다. 3한계와 부여계는 이른바 3

국설의 3국의 구체적인 민족집단을 의미한다는 것은 위에서 언급한 바와 같다. 다만 3한계(해설 3)는 한반도의 한민족 집단의 핵심이 되는 집단이지만 '예, 맥, 한 결합설'에서는 세 가지 집단 가운데 하나로 열거되고 그 위상도 예, 맥에 비해서 더 낮게 치부되는 경우도 적지 않다. 오히려 '예, 맥'이 현재의 한민족 집단의 주축이 된다는 주장이 횡행하기도 한다(해설 3/ 예맥계).

이상의 역사 기획(부록/ 5)에 기댄 결합설은 한민족 집단이 3한계, 부여계가 결합해서 이루어진다는 것을 넘어서 3한계, 부여계, 읍루계가 결합해서 이루어진다는 설로 이어진다. 심지어는 한민족 집단은 3한계, 부여계, 읍루계, 흉노계가 결합해서 이루어진다는 설까지 나온다. 3한계, 부여계에다 읍루계(숙신계)가 추가되는 것은 남-북국설의 북국 발해(본문/ 3)의 주력인 말갈이 들어간 것이다. 거기에다 흉노계까지 동원된 것은 가능한 모든 조합이 다 열거되는 결합설의 극치를 보여준다. 한민족 집단과 관련한 논의에서 그러한 현상이 벌어지는 것은 무엇보다 주축 집단의 부재란 문제와 무관하지 않은 듯하다.

한반도 지역은 확실한 기원이 되는 주축 집단이 없는 상황에서 그 지역 집단에 관한 여러 가지 역사 기획이 연이어서 나온다. 3국설과 남-북국설은 물론이고 3조선(부록/ 5)론도 전형적인 역사 기획에 속한다. 3조선론은 전통설(21 a/ T 4)의 정점인 단군의 이른바 단군-조선을 기점으로 해서 '단군-기자-위만' 조선이란 구성으로 완성된다. 구한말의 신채호는 그 3조선을 '전 3한'이란 틀로 바꾸고 '후 3한'과 대비해서 '전-후 3한'이란 방식의 역사 기획을 시도한다(부록/ 5). 근대 유사-역사학의 시조 격인 그는 '전 3한'을 상상상의 영토 확장을 위한 편리한 도구로 만드는데 현재도 수많은 아류들이 활동 중이다.

(단군과 원형)

고려조 후기의 저작인 "삼국유사"(1281)와 "제왕운기"(1287)
는 한반도와 주변 지역의 여러 민족집단이 단군에서 나온다
는 담론을 제시한다. 그 두 책에서는 한반도와 주변 지역의
여러 집단이 열거되는데 위만-조선, 마한, 2부, 72국, 낙랑국,
북대방, 남대방, 말갈 발해, 이서국, 5가야, 북부여, 동부여,
고구려, 변한 백제, 진한("삼국유사") 부여, 비류, 시라, 고례,
남북 옥저, 예맥 ("제왕운기") 등이 나온다. "삼국유사"('기이제
일')에서는 열거된 민족집단의 맨 위에 고조선(왕검-조선)의 단
군을 올려놓는다. "제왕운기"(권하)에는 "삼국유사"보다 더 명
시적으로 위의 여러 집단은 그 계통이 단군에서 이어진다(한
4군 조)고 말하는데 거기서 단군은 일종의 원형(prototype)의
모습을 보인다.

'하나의 원형'에서 여러 가지 집단들이 나오고 그들이 다시
결합해서 현재의 한민족 집단이 이루어진다는 구성은 우리에
게 비교적 익숙한 것이기도 하다. 단군-기원의 여러 집단이

결합 또는 재-결합해서 한민족 집단이 이루어진다는 '단군-기원의 하위 집단의 결합 또는 재-결합설'(손동완 2019/ 주석 10)이 대표적이다. 앞서 나온 '예, 맥, 한 결합설'도 그것과 유사한 구성을 보인다고 할 수 있다. 그것은 '예, 맥, 한의 공통 집단'(위의 단군에 해당한다)에서 나오는 예, 맥, 한이란 집단이 결합 또는 재-결합해서 현재의 한민족 집단이 이루어진다는 구성이다. '예, 맥, 한 결합설'에서는 다만 그 원형에 해당하는 집단이 감춰져 있을 뿐이다.

'예, 맥, 한 결합설'은 위에서 말한 바처럼 예, 맥, 한의 상위에 이론상의 존재인 '예 맥 한의 공통집단'이 전제되어 있다. 그것은 언어학계에서 예맥어와 3한어 위에 공통 언어를 설정하는 것과 비슷한 맥락이다. 그 공통 언어는 이른바 원-한국어(proto-Korean)다. 결국 예, 맥, 한은 언어학의 예맥어와 3한어에 해당하고 '예, 맥, 한 공통집단'은 '원-한국어'에 해당하는 셈이다. 언어학계에서는 이른바 알타이 조어(proto-Altaic)에서 원-한국어가 나오고 원-한국어에서 예맥어와 3한어가 갈라져 나온다고 설정한 바 있다. 그것은 기본적으로 한국어

가 알타이언어(해설 3)에 속한다는 이론에 근거한 것인데 현재
는 상황이 다르다.

알타이언어는 인도-유럽어에 비해서 훨씬 더 오래전에 분
기된 언어라서 귀납적인 방법으로 그 계통을 연구하기가 무
척 힘들다. 그래서 순전히 연역적인 방법을 사용하는데 그것
은 상당히 바람직하지 못한 방법이다(김주원 2006). 위의 '알타
이 조어 → 원-한국어 → 예맥어와 3한어'란 구성은 이른바 '알
타이언어 계통도'(성백인 1996)를 설정하는 손쉬운 방법을 원
용한 것에 지나지 않는다. 현재 언어학계에서는 한국어가 알
타이언어와 직접적인 관련은 없다는 쪽으로 정리가 되어가고
있다(김주원 1991, 2006). 동아시아 지역의 한국어는 상당히 큰
규모의 고립어(2)인데 그 기원이 분명하지 않다.

이상에서 논의한 바처럼 한반도와 그 주변 지역의 여러 집
단이 그 계통이 '단군'에서 이어진다는 주장이나 예, 맥, 한이
이른바 '예, 맥, 한 공통집단'에서 분기된 것이라 설정하는 연
역적인 방법(손동완 2018)은 심각한 문제를 내포하고 있다. 더

119

구나 '단군'이나 '예, 맥, 한의 공통집단'이란 존재가 '단군-기원의 하위 집단 결합 또는 재-결합설'이나 '예, 맥, 한 결합 또는 재-결합설'을 완벽하게 만들어 주는 것은 결코 아니다. 왜냐하면 '단군'이나 '예, 맥, 한의 공통집단'은 순전히 이론상의 존재에 불과하기 때문이다. 무엇보다 그러한 원형을 전제하는 방식의 민족집단 연구는 그 자체가 문제가 많다고 할 수밖에 없다.

무엇보다 이른 시기의 한반도와 주변 지역의 민족집단이 하나의 집단이 아니란 것은 더 이상 말할 것도 없다. 현재의 한반도란 지역도 3한 지역과 양계(21 a/ R 5) 지역으로 오랜 기간 2원화(이삼성 2009)되어 있었던 것이 사실이다. 한반도와 주변 지역의 민족집단이 하나로 묶인 것은 고려조(918 또는 935~1392)를 세운 집단이 그들의 정치적인 목적을 위해서 3국 소급(해설 2/ 4)이란 역사 기획을 감행한 뒤의 일이라고 보아야 한다. 더구나 3국 위로 다시 재-소급(해설 2/ 5)해서 단군을 설정하고 일종의 원형을 제시한 것은 고려조 후기의 상당한 정치 논리가 포함된 구성물이라 할 수밖에 없다.

2 2단계 교체설

북방설(즉 한민족 집단의 시베리아 기원설)은 그 핵심을 말한다면 '2단계 교체설'(이선복 1991)이라 할 수 있다. 말하자면 빙하기 이후 현재의 한반도 지형이 형성되면서 그 지역의 구석기인이 시베리아에서 들어간다는 신석기인(고-아시아족)으로 교체되고 그들은 다시 같은 시베리아 지역에서 들어간다는 청동기인(퉁구스인)에게 교체된다는 것이다. 그 이론에 따른다면 시베리아계 청동기인(퉁구스인)이 한민족 집단의 기원이 되는 셈이다. 한때 한민족 집단의 기원 이론(21 a/ T 1~T 5)을 대표하던 학설이었던 북방설은 문화/ 형질 및 유전자 양 측면에서 상당한 난점을 보이는 게 사실이고(21 b/ 1, 2) 현재는 그 위상이 예전만 못하다.

(퉁구스론)

이미 구한말에 한반도를 방문한 서양인들이 한민족 집단의
기원에 대해서 관심을 보인 바 있다. 이어서 일본 학자들이
그 부분에 대한 연구를 진행하는데 한반도의 한민족 집단이
퉁구스계(T)일 것이라고 추측하는 견해가 다수를 이룬다(김정
배 2006). '고-아시아족/ 퉁구스인'(각각 신석기/ 청동기시대)란 도
식(김원용 1986; 한영희 1996)이 자리 잡으면서 퉁구스론은 대세
처럼 여겨진다. 그러한 도식에 충실할 경우에는 결과적으로
한민족 집단은 '유사-퉁구스계'(T')로 파악이 되는 셈이다(손
동완 2018). 한민족 집단의 기원에 관한 이론(기원 이론)에서 아
직까지도 퉁구스론의 그림자가 짙은 편이다.

하지만 한민족 집단이 퉁구스인에서 기원한다는 이론은
퉁구스계란 민족집단에 대한 기초적인 이해만 있다 해도 나
올 수 없는 주장이다. 만주와 시베리아에 걸쳐서 분포하는
퉁구스계는 알타이언어(해설 3)인 TMT(해설 3) 사용 집단의
하나다. 퉁구스계는 어원, 어웡키, 솔론, 네기달 등과 같이 북

부 어군에 속하는 언어를 사용하는 집단과 나나이, 울치, 우디허, 오로치, 만주족 등 남부 어군에 속하는 언어를 사용하는 집단으로 나뉜다(김주원 2006). 그들은 대부분 아무르강을 기준으로 그 북쪽과 남쪽에 해당하는 극동 연방관구(러시아)와 흑룡강성(중국)에 분포한다. 다만 어웡키(에벤키)족은 그 두 지역뿐 아니라 시베리아 연방관구(러시아)까지 비교적 넓은 지역에 분포한다.

알타이언어 사용 집단 가운데 퉁구스계(T)는 대부분 삼림 지역과 그 주변의 하천에서 수렵 또는 어로 생활을 하는 소규모의 집단(대부분 몇천 명 또는 몇만 명에 불과하다)이다. 만주족이 큰 집단(1000만 명 전후의 규모다)에 속한다. 그래서 '만주-퉁구스'란 용어가 쓰이기도 한다. 만주족을 비롯한 퉁구스계는 한반도에서 비교적 가까운 지역에 분포하는 민족집단이라서 한반도 지역과의 교류와 교섭(해설 2/ 10)이 상대적으로 빈번했던 것은 사실이다. 또한 만주족(여진)은 북방계 한민족(해설 3)의 일부를 이루기도 한다. 하지만 그것과 한민족 집단이 퉁구스계에서 기원한다는 것은 전혀 다른 이야기다.

통구스론에 따를 경우 현재의 한민족 집단이 선사시대 시베리아의 통구스계에서 시작된다는 것으로 귀결되지만 청동기시대 시베리아계 통구스인이란 존재는 그다지 분명하지 않다. 통상 일반 대중과 아마추어 연구자들은 바이칼론(21 b/ 2)에 경도되어 한반도의 한민족 집단이 시베리아에서 기원하고 한민족 집단의 형질이 빙하기의 시베리아에서 형성된 것이라는 인식을 가지고 있다. 그리고 빙하기의 그 집단과 이른바 청동기시대의 시베리아의 통구스인과 현재의 한민족 집단이 일관적인 관련이 있을 것이란 추측을 하지만 그것은 굉장히 순진한 생각이라 할 수밖에 없다. 시베리아의 통구스인은 에벤키족 정도인데 통구스계(T) 가운데서 특이한 분포를 보인다.

아직까지 한국 학계는 이전의 통구스론의 영향으로 통구스계란 집단에 대해서 미련을 버리지 못하고 있는 듯하다. 국사편찬위원회 홈페이지의 검색창(한국민족문화대백과사전)에도 한민족의 기원과 관련해서 아직까지 통구스계가 언급될 정도다. 하지만 북한 학계는 말할 것도 없고(북방설에서 본토설로 전환한다) 남한 학계에서도 반 통구스론(김정학 1964; 김정배

1973)(아래)이 나온 지 이미 오랜 기간이 지났을 뿐 아니라 최근의 유전자 분석에 의거한 아무르설(21 b/ 2)까지 나온 상황에서 퉁구스론을 아직까지 고집한다는 것은 거의 학문적인 퇴행에 가까운 행위라고 할 수밖에 없을 듯하다.

〈반 퉁구스론〉

앞의 '고-아시아족/ 퉁구스인'(각각 신석기/ 청동기시대)이란
도식은 '고-아시아족/ 예맥'(김정배 1973)이란 틀로 전환이 된
다. 그러한 도식은 여전히 고-아시아족설을 한 부분으로 채
택하고 있긴 하지만 퉁구스인론을 전면 부인한다는 면에서는
상당한 의미가 있다. 물론 그 이론은 예맥에 관한 세부적 논
의에서 상당한 문제점을 드러내는 것은 사실이다. 예를 들면
그 연구자는 예맥을 무문인(부록/ 4)과 같은 집단으로 보는 '무
문인 즉 예맥' 설을 주장하는데 만주 지역의 예맥과 한반도
지역의 무문인은 두 개의 완전히 다른 집단이다(해설 3/ 예맥
계). 그렇다고 하더라도 예맥을 부각시킨 것은 특기할 만하다.

여하튼 '고-아시아족/ 예맥'이란 도식은 북방설(시베리아설)
을 완전히 다른 방향으로 돌려놓고 있다. 원래의 북방설이 신
석기/ 청동기시대 모두 시베리아에서 한반도로 들어간다는
집단을 설정한 데 비해서 그 이론은 시베리아뿐 아니라 '비-
시베리아'(본문/ 2)를 상정하는 것이기 때문이다. 말하자면 청

동기시대의 예맥을 도입한 위의 학설은 비-시베리아인 발해 연안(21 a/ R 2)을 염두에 둔 이론이라 할 수 있다. 일찍부터 발해연안 지역에서는 중국의 핵심부인 중원 지역과는 다른 문화가 꽃핀다. 그 지역에서는 구석기, 신석기, 청동기 각 시대의 유물과 유적이 다 나오지만 여기서는 물론 청동기 문화와 관련지어 논의가 된다.

이른바 발해연안 지역에서는 이미 기원전 2000년대에 초기 청동기 문화가 나오고 이후 기원전 1000년대에는 청동 동검을 표지(標識)로 하는 문화가 등장한다. 주로 의례용으로 사용이 되는 그 동검은 주로 지배층의 무덤인 지석묘, 석관묘 등에 부장된 것이 발견된다. 그 동검은 '요녕식 동검' 또는 '만주식 동검' 또는 '비파형 청동 단검' 등의 명칭으로 불린다. 기원전 1000년대에 그 동검을 사용한 집단은 요녕성의 요하를 경계로 하는 두 지역인 요서/ 요동 양 지역에 모두 분포한다. 요서와 요동을 나누어서 예맥계 이외의 집단과 연결시키는 논의도 있지만 여기서는 예맥에 초점을 맞추기로 한다.

예맥(예맥계)은 크게 봐서 기원전에 활동하는 요녕계와 기원전후와 그 이후에 활동하는 부여계 두 집단으로 나누어 볼 수 있다. 부여계는 주로 기원후에 만주 외곽에서 활동한 집단이고 청동기시대가 아니라 철기시대 집단이기 때문에 여기서는 논의하지 않는다. 참고로 철기시대의 만주 외곽에서 등장하는 집단은 동호계, 예맥계, 읍루계(숙신계)가 대표적인 민족집단이고 그 세 집단은 이른바 '범 동이-북적계'로 분류가 된다(본문/ 2). 결국 요녕계란 용어는 만주 외곽 지역이 아니라 발해 연안 그리고 철기시대가 아니라 청동기시대와 관련한 집단을 지칭하는 것이라고 보면 큰 문제가 없을 듯하다.

발해연안 지역은 이후 요동이라 통칭이 된다. 서양의 중국 연구자 특히 역사학 분야의 연구자들 가운데는 요동을 상당히 중시하는 사람도 있다. 중국(중원)을 내-아시아(Inner Asia) 특히 만주와의 관련 속에서 볼 때 요동이 중요한 전략적 위치를 차지한다는 것은 수긍할 만하다. 특히 이후의 동아시아 지역 패권과 관련해서 소홀히 할 수 없는 지역인 것도 분명하다(아래). 다만 한국 학계 일각에서 요동이란 용어가 만주 지역 전체를 의미하는 '넓은 의미'로 사용될 때도 있다(김한규 2004). 그리고 "제왕운기"(권하)에서는 요동을 조선(기원전의 이른바 '3조선'을 말한다)을 말하는 용어로도 사용되기 때문에 주의해야 한다.

한제국에서 서진(265~317)까지 상당 기간 한족의 지배를 받던 요동 지역은 이후 이른바 북국(본문/ 3, 4)의 영토로 편입이 된다. 그 지역은 선비 집단의 지배를 거친 후 고구려의 지배 영역이 된다(대략 400년 이후). 고구려가 멸망한 다음에는 발해(698~926)의 영토로 편입되고 이어서 요(907~1125)와 금(1115~1234)의 지배를 받고 그 후에는 원제국(1206~1368)의 지배하에 들어간다. 이후 한족 왕조인 명제국(1368~1644)의 영향하에 있던 그 지역은 청제국(1616~1911) 때 다시 북국의 영역으로 들어간다. 적어도 1000년 이후로는 요동을 지배한 세력이 중국을 지배한다는 말이 전혀 일리가 없는 것은 아닌 듯하다.

(발해연안)

발해연안은 주로 발해 바다(황해의 북서쪽이다)의 북쪽 부분을 말하는데 현재의 중국 동북(만주) 요녕성의 요하 유역과 그 인근의 내-몽골자치구('성급')의 일부도 포함된다. 다만 발해연안을 넓게 해석해서 발해와 황해(서해) 연안 모두를 포함하는 지역으로 보는 것은 상당히 무리한 접근이다. 여하튼 20세기 고고학의 발전과 더불어 발해연안 지역의 유물과 유적이 발굴됨에 따라 남한 학계에서 절대적인 지위를 누리던 북방설(시베리아설)의 시베리아(R 1)의 강력한 대안으로 그 지역이 부상한다. 참고로 한반도의 한민족 집단이 한반도 외부에서 기원한다는 외래설(21 a/ T 1)은 주로 시베리아(R 1), 발해연안(R 2), 부여(R 3), 해양(R 4) 지역이 대상이 된다.

그동안 발해연안의 여러 문화는 베일에 가려져 있었지만 20세기 후반 고고학의 발달과 더불어 그 모습을 드러내고 많은 부분이 밝혀진다. 그 지역은 구석기시대의 유적 즉 금우산 동굴 유적(요녕성 영구시), 묘후산 동굴 유적(요녕성 본계시)이 발굴되고 그 이후의 여러 가지 신석기 문화(21 a/ R 2의 1)도 모습을 드러낸다. 그뿐 아니라 중국(중원)과는 다른 청동기 문화(21 a/ R 2의 1)가 나온다. 그 가운데서 신석기 문화보다는 청동기 문화가 한반도 쪽과 상당히 긴밀한 관련이 있다. 북방설의 '고-아시아족/ 퉁구스인'이란 도식이 같은 진영에서 '고-아시아족/ 예맥'이란 도식(김정배 1973)으로 전환(위)된 것도 발해연안의 청동기 문화의 대두와 상관이 있다.

고고학의 논의에서 토기 특히 즐문(빗살무늬)토기가 어디서 전래되는지가 중요한 논점이 되어왔다. 남한에서는 북방(시베리아)설/ 발해연안설에서 각각 즐문토기가 시베리아/ 발해연안에서 들어간다고 보고 있지만 확실한 것은 없다. 현재는 즐문토기가 시베리아에서 들어간 것이다(Fugida 1930)/ 발해연안에서 들어간 것이다(이형구 1989)라는 것은 그다지 핵심적인 논쟁이 아닐 수도 있다. 통상 토기는 신석기 농경 문화를 상징하는 대표적 유물로 간주되었지만 동아시아 지역에서는 이미 15000년 전에 농경과는 상관없이 토기가 제작된 것으로 확인되어 토기의 위상이 예전 같지는 않은 듯하다.

발해연안설(부록/ 3)은 발해연안의 문화가 한반도와 어떤 관련이 있을 것이라는 정도의 추측을 벗어나지 못하고 구체적인 집단과의 관련성은 제시하지 못한 면이 있다. 그러다가 두 가지 이론이 나온다. 하나는 발해연안에서 한반도로 들어간다는 집단(요녕 청동인)이 한반도의 무문인과 혼합되어 복합사회(2)를 이룬다는 이론(노혁진 1994)인데 아직은 가설에 불과하다(부록/ 4). 다른 하나는 발해연안(요동)과 한반도 서북부 그리고 다시 한반도 남부(중남부)로 이어지는 집단이 있을 수 있다는 이론인 조선계설(아래/ 3)인데 그 집단에 대해서는 좀 더 세밀한 분석이 필요하고 그들이 정복자-기원(해설 2/ 2) 유형인가도 문제가 된다.

3 당대 3설

당대설(21 a/ T 3)은 20세기에 와서 근대적인 역사학이 도입된 이후 특히 고고학, 인류학의 발전에 힘입어 나온 기원 이론인데 전통설(T 4)과 대비되는 의미다. 북방설, 발해연안설, 본토설이 대표적인데 '당대 3설'이라 할 만하다. 그 가운데 북방설(시베리아설)과 발해연안설(부록/ 2)은 남한을 대표하는 이론이고 본토설(해설 2/ 6)은 북한을 대표하는 이론이다. 북방설을 재-분류한 '북방설과 남방설'(21 a/ 4)은 일반 대중에게 비교적 널리 알려져 있고 그 외에 발해연안설과 본토설을 각각 재-분류한 학설도 있다. 이하에서는 본토설과 발해연안설을 재-분류한 이론을 중심으로 논의한다. 재-분류한 이론은 '수정 6설'(손동완 2018)에 해당한다.

(본토설 1설과 2설)

본토설(1설)은 20세기 북한을 대표하는 한민족(조선민족) 집단의 기원 이론이다. 원래 북방설을 추종하던 북한 학계는 평양과 그 주변 지역에서 구석기시대의 화석 인골이 발견되자 한민족 집단이 평양에서 기원한다는 본토설(본토인설)로 전환한다. 본토설은 구석기인에서 이어지는 이른바 '조선옛유형사람'이란 신석기인이 한민족 집단의 기원이라 설정한다. 하지만 통상 어떤 민족집단(해설 3)의 기원을 선사시대에서 찾는다는 것은 상당히 무리한 것일 수밖에 없다. 분류상 본토설은 당대설(위)이자 내재론(T 2)에 해당한다. 북한은 남한에 비해서 더 일찍 외래설(해설 3)에서 내재론으로 넘어간다.

한편 본토 유형설(2설)은 '최근의 유전자 분석' 그중에서도 미토콘드리아 DNA 분석보다 설명력이 더 크다고 평가받는 Y-염색체 DNA(해설 3) 하플로그룹 분석에 의거한 이론이다. 동아시아 지역은 주로 O 계열이 본토 유형을 구성한다. 그들은 마지막 빙하기의 동남아시아 집단인데 중국 서부를 거쳐

들어간 O3 계통은 중국 대륙의 본토 유형에 해당하고 동중국 해안을 따라 들어가는 O2b 계통은 한반도와 일본 열도의 본토 유형에 해당한다. O1 계통은 인도-말레이 열도에 주로 분포한다(대만 섬이 원래의 중심지이다). 반면 빙하기에 '동중국 해안 → 일본 열도 → 사할린 섬 → 아무르강' 루트로 들어간 C 계열(C3)은 만주와 시베리아의 본토 유형에 해당한다.

이상의 두 학설은 주로 빙하기를 배경으로 해서 나온 이론이다. 아무리 형질 및 유전자(해설 1/ f)적 의미의 논의라 하더라도 구석기시대와 현재의 어떤 민족집단 간의 관계를 논한다는 것은 '시간 범위'(21 a/ T 5) 상의 한계가 크다고 할 수밖에 없다. 더구나 그러한 이론은 현재의 한반도란 지역이 이루어지기도 전인 시기를 언급하고 있다. 한반도는 마지막 빙하기 이후 해수면 고도가 상승하면서 드러나는데 중국 대륙과 일본 열도와는 바다로 분리되고 북쪽으로만 육지로 연결이 된다. 물론 현재의 한반도 지형이 이루어진 이후의 신석기/ 청동기 양 시대를 배경으로 한 이론(북방설과 남방설) 역시 같은 '시간 범위' 상의 한계가 있다.

(발해연안설 1설과 2설)

　발해연안설은 위에서도 어느 정도 언급한 바 있다(부록/ 2).
그 학설은 원래 북방설을 대체하는 이론으로 등장하는데 시
베리아(21 a/ R 1) 지역보다 한반도에서 훨씬 더 가까운 발해
연안(R 2) 지역에서 들어가는 집단이 이후 한반도의 주력 집
단이 된다고 설정한다. 발해연안설은 두 가지로 나누어 볼 수
있다. 하나는 그 지역의 신석기 문화와 관련한 이론이고 다른
하나는 그 지역의 청동기 문화와 관련한 이론이다. 여기서는
발해연안의 신석기 문화(21 a/ R 2의 1)와 관련한 이론은 발해
연안 '1설', 그리고 발해연안의 청동기 문화(21 a/ R 2의 1)와 관
련한 이론은 발해연안 '2설'이라 분류하기로 한다.

　발해연안 지역에서는 중국(중원)의 황하 유역 못지않게 이
른 시기에 신석기 문화가 나온다. 학계 일부에서 신석기시대
발해연안과 한반도 지역 문화의 연결을 시도하지만 한반도의
즐문(빗살무늬)토기가 발해연안에서 들어간 것일 가능성이 있
다는 주장(이형구 1989) 정도에 그치고 결과적으로 그다지 성

공적이지 못한 듯하다. 설사 한반도의 즐문토기가 발해연안에서 들어간 것이라 하더라도 그 문화를 가지고 들어간 집단이 한민족 집단의 기원이 된다는 것은 또 다른 문제다. 한반도의 즐문토기 사용 집단은 그 이후의 무문토기 사용 집단에 흡수된다는 것이 정설이다(부록/ 4).

그 외에도 그 지역의 이른바 홍산 문화와 한반도의 관련을 제시하는 이론도 있다. 하지만 그 문화가 '요하 문명'이라 불릴 정도로 발달된 면을 보인다 하더라도 그 문화와 한반도 지역은 큰 연관성이 없다는 것이 진실일 것이다(21 a/ R의 1). 무엇보다 한반도/ 일본 열도/ 연해주 지역은 신석기시대가 수렵, 채집, 어로 단계에 머무르기 때문이다(노혁진 1994). 그렇다고 한다면 발해연안 1설은 사실상 성립하기 어려운 것이 분명하다. 현재 홍산 문화 등을 한반도의 한민족 집단 쪽으로 당기려는 유사-역사학 추종자들이 활동하고 있긴 하지만 언론의 관심을 끄는 데만 능한 아마추어 수준이 대부분이다.

반면 발해연안의 신석기 문화보다는 그 지역의 청동기 문화가 한반도 지역과의 관련성이 훨씬 더 크다고 할 수 있다. 앞서 나온 반-퉁구스론(부록/ 2)도 발해연안 청동기 문화와의 관련이 전제가 된다. 하지만 그보다는 더 구체적으로 발해연안의 청동기 문화를 가지고 한반도로 들어가는 집단을 적시해서 이론을 전개하는 편이 훨씬 더 설득력이 있을 것이다. 먼저 4중 혼합설(부록/ 4)의 요녕계(요녕 청동인)가 그 대상으로 부상한 바 있는데 그 이론도 한계가 없지 않다. 다음으로 이른바 조선계(아래)란 집단이 다시 그 대안으로 나오는데 그 이론(조선계설)은 이하에서 더 자세히 논의한다.

(조선계설)

발해연안설 가운데 '1설'보다는 '2설'이 훨씬 더 한반도 지역과 관련성이 크다는 것은 이미 말한 바와 같다. 2설은 여러 가지 형태로 나타나지만(위) 조선계설(손동완 2018)이 가장 포괄적인 이론 구조를 가지고 있다. 그 이론은 민족집단이란 측면에서는 이른바 범 동이-북적계(본문/ 2) 가운데 예맥계 그 중에서도 기원전의 일정 시기에 요동과 한반도 서북부에서 활동한 조선계란 집단이 중심이 된다. 주로 기원후에 두각을 나타내는 부여계와 구분되는 그 집단은 더 정확히 말하자면 '예맥- 요녕- 조선계'인 셈이다. 그 집단은 발해연안의 신석기 문화가 아니라 청동기 문화와 관련이 있는데 철기시대로 이어진다.

조선계설은 한마디로 말해서 발해연안에서 기원하는 조선계란 집단이 이후 한반도의 주축 집단이 된다는 이론이다. 그 집단은 요동/ 한반도 서북부에서 각각 그 수장이 조선후 ("위략")/ 조선왕("사기" '조선열전')으로 불렸는데 조선계란 명칭은 거기서 나왔다. '역사상의 조선'(손동완 2018)이라 할 수 있는 그들 집단은 이른바 3조선(본문/ 5)론이 나온 뒤에는 기자-조선으로 왜곡이 된다. 가상의 기자-조선이 아니라 실제의 조선(역사상의 조선)은 이후 위만-조선(-194~-108)으로 넘어간다. 여하튼 조선계설은 위만-조선 멸망 후에 한반도 북부(서북부)에서 남부(중남부)의 3한 지역으로 들어가는 조선계 집단이 있다고 가정한다.

그 이론에서는 조선계 집단이 기원전후 3한 지역에서 성립되는 바의 국이란 소정치체의 중핵이 되고 그 국이 이후 한반도 정치 세력의 중심이 된다는 것이 전제되어 있다. 그 이론은 조선계란 집단이 실제로 존재해서 그들이 국의 중핵 세력이 되는지가 우선 검증되어야 한다. 그런데 무엇보다 고대-국가 설까지 있는 위만-조선이란 국가의 유민이 3한 지역 초기-국가인 국을 형성하는 집단이란 것은 역사 발전상의 단계가 잘 맞지 않는다는 우려가 있다(손동완 2018). 그뿐 아니라 그 집단이 3한 지역에서 국을 성립시키는 역할을 하는지(이현혜 1984) 국의 집합인 3한(마한, 진한, 변한)을 성립시키는 역할을 하는지(박대재 2006)도 분명치 않다.

이상의 조선계설은 일종의 대-조선(21 a/ R 7의 2)론에 해당한다. 대-조선(great- Chosun)론은 간단히 말해서 그 조선계 집단이 확장되어 현재의 한민족 집단이 이뤄진다는 것이다. 하지만 남한의 대표적인 3한 연구자들이 한반도 지역의 기원 전후에서 7세기까지의 역사를 대-조선이란 개념으로 일관성 있게 설명하는 예가 없다. 비록 조선 유민(아래) 또는 조선계를 설정은 하지만 대-조선이란 시각에서 그 시대를 설명하지 않거나 못한다는 것이 문제다. 그래서 문자 그대로의 조선계설이 한민족 집단의 실질적인 기원 이론이 될 수 있을까 하는 의구심이 든다. 참고로 대-조선론 이외에도 대-부여론(21 a/ R 7의 2)도 있다.

(한족계설)

조선계설(위)의 다른 한 면이라 할 수도 있는 한족계설(손동완 2018)은 위만-조선(-194~-108)을 구성하는 다른 한 집단인 한족과 관련 있는 이론이다. 한족(해설 3)은 기원전 1000년대에 황하 문명을 배경으로 성립되어 기원전후까지 급속히 주변 지역으로 확장이 된다. 남쪽으로는 춘추-전국을 지나면서 초나라(호북성), 오나라(절강성과 강소성 일부) 지역까지, 그리고 진/ 한제국을 거치면서 백월계 지역(복건성, 광동성)까지 진출해서 현지의 여러 민족집단을 흡수한다. 한편 북쪽으로는 전국시대 때 현재의 북경 지역인 연나라를 거쳐서 한제국 때에는 요서/ 요동은 물론 한반도 서북부 지역(위만-조선과 그 이후의 한 4군)까지 들어간다.

한족계설의 한족계는 한족 가운데서 기원전후의 시기에 한반도 북부(서북부)에서 한반도 남부(중남부)로 들어간다는 집단을 지칭한다. 주로 위만-조선과 한 4군의 한족 집단 가운데 그 국가의 정치적 변고로 인해서 남쪽으로 들어간다는 집단인 셈이다. 그들 집단은 대략 기원전 200년을 전후해서 한 반도 남부(중남부) 지역으로 들어간다는 다른 한족 집단(아래) 과는 구분이 된다. "삼국지"('위지' '오환선비동이열전')에는 진제 국의 정치적 파란(진역)을 피해서 3한('한국')으로 간 사람의 존재를 말하고 있다(진한전). "삼국사기"('신라본기' 혁거세 거서 간 38년)에도 진난(秦亂)을 겪다가 동쪽으로 간 사람에 관한 기사가 나온다.

  참고로 바로 위에서 인용한 두 기사는 모두 당시 3한 지역 의 중심 역할을 한 마한과의 관계에서 기술되고 있는 것이 특 징이다. 특히 "삼국사기" 기사에서는 마한왕은 진한(신라)과 변한 두 나라가 마한의 속국이라고 말하고 있을 정도다. 그것 은 당시의 3한 지역은 마한이 선진적인 정치체이었음을 잘 말 해주고 있다. 그 기사에서 마한왕이 진한을 문책하자 사신인 호공이 조목조목 반박을 하고 있다. 다만 진난과 관련한 기 사 바로 앞에는 '진한 유민/ 변한/ 낙랑/ 왜인'이란 민족집단 이 등장하는데 그 가운데 '진한 유민'이 구체적으로 '조선 유 민'(아래)과 관련이 있는 집단인지 여부는 분명치 않다.

여하튼 이 절의 주제인 한족계는 위에서 말한 기원전 200년 전후의 집단이라기보다는 대략 기원전 100년과 그 이후의 집단이다. 그 집단은 한반도 서북부에서 위만-조선을 구성하던 한족 집단 가운데 일부가 한반도 중남부로 들어간다고 상정이 된다. 그들은 말하자면 조선계(위)와 대비되는 집단이다. 위만-조선 멸망 후에 그 국가를 구성하던 조선계는 물론이고 다른 한 축인 한족계도 3한 지역으로 흩어진다는 것은 충분히 예상할 수 있다. 또한 한 4군 특히 낙랑군이 와해된 후에도 일부 한족 집단 또는 '조선계-한족 융합'(오영찬 2006) 집단이 3한 지역으로 흩어졌을 가능성도 배제할 수 없는 상황이다.

고려조 후기의 저작인 "삼국유사"와 "제왕운기"도 기원전후 한반도 서북부와 중남부인 3한 지역과의 정치적 관계를 나름대로 파악하고 있다. 거기서 위만-조선과 관련된 부분은 자세한 언급이 없지만 한 4군과 관련된 부분은 꽤 상세하게 논의가 된다. 그것은 두 역사서 모두에 나오는 바의 '한 4군이 3한으로 나누어진다'는 시각이다. 다만 두 책의 저자는 '한 4군'이 '3한'으로 나누어진 것을 그다지 긍정적으로 보지는 않는다. 왜냐하면 그 두 책에서는 각각 '법령이 점차 번거로워졌다'(法令漸煩)("삼국유사" '기이제일' 72국), '풍속이 점차 얄팍해졌다'(風俗漸醨)("제왕운기" 권하)는 것을 그 원인으로 지목하고 있기 때문이다.

그런데 한반도 서북부의 한 4군이 한반도 중남부의 3한으로 나눠진다는 것은 바로 이해가 되진 않는다. 그 사이에는 무언가 연결점이 있어야 하는데 "삼국유사"의 그 부분 바로 앞에서 '조선 유민이 나뉘어서 70여 국이 된다'는 기사를 먼저 싣고 있다. '조선 유민'이 한반도 서북부와 중남부(3한)를 이어주는 역할을 하는 셈이다. 그것과 일맥상통하는 기사가 '조선상 역계경이 진국(3한)으로 간다'("삼국지" '오환선비동이열전'), '조선 유민이 산곡(山谷)지간에 나뉘어 산다'(6촌 기사)("삼국사기" '신라본기' 혁거세 거서간) 등이다. 하지만 조선 유민이 조선계인지 한족계인지 알 수 있을 만큼 자세한 내용은 없다.

한족계설은 조선계설(위)의 아픈 손가락이기도 하다. 왜냐하면 조선계가 한민족 집단의 기원이 된다는 그 이론은 바로 한족계가 그 기원에 된다는 것으로 돌변할 수 있기 때문이다. 대-조선(great-Chosun)론(위)도 아차 하면 대-한족(great-Han)론이 되어버릴 수도 있다는 말이다. 더구나 위만-조선은 조선계와 한족의 연합국가의 성격이 강하고 그 이후인 한 4군 특히 낙랑군에서는 '조선계-한족 융합'(오영찬 2006)의 경향이 심화된다. 결국 위만-조선 또는 낙랑군의 어떤 집단이 3한으로 들어가서 현재의 한민족 집단의 기원이 된다는 가설은 그 현실성 여부를 떠나서도 여러 가지 논쟁거리를 내포하고 있는 셈이다.

한 예로 한민족 집단의 Y-염색체 DNA(해설 3) 하플로그룹 분석에서 O3가 최대치인 45%를 차지하고 있는데 그 높은 비중이 기원전후와 그 후의 한족계 집단의 영향이라 볼 수 있다는 주장도 나올 법하다. 한족은 전형적인 O3 유전자 집단인데 앞서 말한바 한족의 형성과 확장이란 시각에서 진/ 한제국 시기에 연나라를 지나고 요서/ 요동을 거쳐서 한반도 서북부로 들어가는 한족 집단이 다시 한반도 남부(중남부)로 확산된다는 가설도 전혀 불가능한 것이 아닐 수 있기 때문이다.

물론 그 이전의 신석기시대 북중국의 앙소/ 용산 문화와 관련되는 집단을 대안으로 볼 수도 있지만(북중국설) 관련 연구가 충분하지 않다.

4 4중 혼합설

한민족 집단에 관한 여러 가지 혼합설(21 a/ T 5) 가운데 가장 주목할 만한 것이 바로 4중 혼합설(손동완 2018)일 것이다. 그 이론은 간단히 말해서 한반도의 한민족 집단이 '즐문인+무문인+요녕계+부여계'로 이루어진다는 접근이다. 한 연구자의 시대구분론(노혁진 1994)에서 추출한 그 이론은 한반도와 주변 지역의 신석기, 청동기, 철기 각 시대의 몇몇 민족집단을 취사 선택해서 나름대로 조합한 것이라고 할 수 있다. 다른 혼합설이 10000년 전(마지막 빙하기에 해당한다)의 시기로 거슬러 올라가는 것과는 달리 그 혼합설은 기원전 1000년대를 중심으로 논의가 진행된다. 적어도 그런 면에서는 상대적으로 긍정적이라고 볼 여지도 있다.

〈즐문인과 무문인〉

　동아시아(동북 아시아)에서 한반도/ 일본 열도/ 연해주 등의
지역은 신석기시대가 수렵, 채집, 어로 단계에 머무른다. 다시
말해서 그 지역의 신석기시대는 서아시아 지역 또는 동아시
아의 중국 같은 농경 단계가 아니다. 한반도의 신석기인은 즐
문인이란 용어로 불린다. 즐문인 즉 즐문(빗살무늬)토기 사용
인은 시베리아 지역에서 들어온다는 설(Fugida 1930)과 발해연
안 지역에서 들어온다는 설(이형구 1989)이 나와 있지만 확실
한 것은 없다. 여하튼 그들 집단은 이후 한반도의 무문인 집
단에 흡수가 된다(노혁진 1994). 무문인은 무문(민무늬)토기 사
용인인데 그들이 어디서 온 집단인지는 분명하지 않다.

　한반도의 무문인은 엄밀한 의미에서 청동기인은 아니다. 다
만 그것과는 상관이 없이 현재 한국 학계에서는 그들이 활동
한 기원전 1000년대를 청동기시대로 분류한다. 말하자면 한
반도의 청동기시대는 비-청동기인인 무문인에서 시작이 되
는 셈이다(윤무병 1975). 4중 혼합설(즐문인+무문인+요녕계+부여

149

계)에서는 기본적으로 기원전 1000년대의 무문인이란 집단이 주축(부록/ 1)을 이룬다고 볼 수도 있다. 왜냐하면 즐문인을 흡수한 무문인 집단이 이후 요녕계(아래)와 부여계(아래)란 두 집단과 어떤 방식으로 혼합이 되어 현재의 한반도의 한민족 집단이 형성된다는 게 그 핵심이기 때문이다.

4중 혼합설은 발해연안 지역에서 한반도로 들어간다는 청동기인(요녕 청동인)이 무문인과 혼합되어 복합사회(2)를 이룬다고 본다(노혁진 1994, 1996). 대략 기원전 600~300년 사이에 그 두 집단이 혼합된다는 설명인데 '한국식 농경-청동 문화기'란 시대구분까지 부여한다. 한반도의 청동기시대(손동완 2019/ 주석 13)는 특히 시대구분상의 편차가 심한데(기원전 15세기 심지어는 20세기까지 거슬러 올라가기도 한다) 이른바 '한국식 농경-청동 문화기'가 진정한 의미의 청동기시대가 되는 셈이다. 또 하나 복합사회(2)란 용어는 한반도 무문인이 이루는 복합사회(1)(Rhee & Choi 1992)과는 다른 개념이다.

(요녕계)

　발해연안(21 a/ R 2)에서 한반도로 들어가서 기원전 600~300년 사이에 복합사회(2)를 이룬다는 '요녕 청동인'은 위의 도식에서 요녕계란 용어로 불렸다. 요녕계의 요녕은 두 가지 의미를 가지고 있다. 그 용어는 그들이 현재의 중국 동북 요녕성(이른바 '동북 3성'의 하나다)에서 한반도로 들어가는 집단이란 그들의 출신지를 잘 말해줄 뿐 아니라 그들이 이른바 요녕식 동검을 사용하는 집단이란 것도 동시에 말해주기 때문이다. 요녕식 동검은 '만주식 동검' 또는 '비파형 동검'이란 불리기도 한다(부록/ 2). 그 동검은 중국(중원)의 청동기 문화(21 a/ R 2의 1)와는 구분되는 발해연안 지역의 청동기 문화를 대표하는 유물이다.

　앞의 요녕계(요녕 청동인)는 예맥계의 하위 집단에 해당한다. 기원전후의 만주 지역의 주요 민족집단(동호계, 예맥계, 읍루계) 가운데 하나인 예맥계(해설 3)는 크게 봐서 요녕계와 부여계 두 하위 집단으로 나눠진다. 그 가운데 철기시대의 부여계는 상대적으로 분명한 흔적을 남기는 편이다. 반면 청동기시대의 요녕계는 얼마 전까지만 해도 그 존재가 베일에 가려 있었다. 그러다가 발해연안의 선사 유적이 발굴되고 연구가 축적되면서 그 모습을 드러낸다(부록/ 2). 4중 혼합설은 그들과 한반도 전역과의 관련성을 제기한 경우에 속한다. 하지만 그러한 논지는 좀 더 증명되어야 하는데 그 이론을 내놓은 연구자도 그 부분은 인정하고 있다(노혁진 1996).

발해연안의 요녕계(대략 기원전 300년을 기준으로 그 이전에 이미 한반도 전역으로 들어간다고 상정된다)보다는 기원전 4~300년경에 발해연안(특히 요동) 지역에서 한반도 서북부로 들어가는 집단이 더 잘 확인이 되는 편이다. 요동/ 한반도 서북부에서 그 수장이 각각 조선후("위략")/ 조선왕("사기" '조선열전')이란 이름으로 불리는 집단(조선계)이다. 그 집단은 정확히 말해서 청동기시대에서 철기시대에 걸쳐서 활동하는데 고조선(고조선 3)이라 불리기도 한다. 그 집단에 초점을 맞춘 이론이 이른바 조선계설(부록/ 3)이다. 참고로 한족계설(부록 3)은 조선계와 대비되는 의미의 한족계에 주목한 이론이다.

여하튼 4중 혼합설이 기원전 1000년대의 집단인 무문인을 중심으로 한민족 집단의 민족 형성을 탐색한다는 것은 시사하는 바가 없지 않다. 하지만 그 학설은 요녕계(위)와 부여계(아래)의 비중이 과도하게 책정이 된다는 문제가 있다. 요녕계가 한반도 전역에서 활동하고 복합사회(2)를 이룬다는 설정은 가설에 불과하다. 그뿐 아니라 그 이후의 부여계가 과연 정복자-기원 유형으로 들어가는 집단인가도 따져보아야 한다. 한반도 남부(중남부) 지역은 오랜 기간 비교적 독립적인 지역 단위를 이루면서 그 자체의 발전 단계를 밟는데(21 a/ R 7) 부여계보다는 3한계(해설 3)가 한민족의 형성에 더 핵심적인 역할을 한다고 할 수 있기 때문이다.

(부여계)

한국 고고학계에서 철기시대는 대체로 기원전 300년경에 시작된다는 것이 대체적인 의견이다. 4중 혼합설은 기원전 300년 이후의 시기를 주로 부여계를 중심으로 설명하고 있다. 말하자면 철기 문화를 가진 부여계인 고구려가 한반도의 북쪽에서 먼저 국가 형성 단계로 가고 부여계로 추정되는 백제와 신라의 건국 집단이 한반도로 들어가서 기존의 세력을 장악하여 국가 형성 단계로 간다고 보고 있다(노혁진 1994). 여기서 말하는 건국 집단의 건국은 물론 "삼국사기"의 건국을 염두에 둔 용어다(부록/ 1). "삼국사기"의 '신라본기'(권제1)/ '고구려본기'(권제13)/ '백제본기'(권제23)에는 각각 이른바 신라/ 고구려/ 백제의 건국 집단이 기술되어 있다.

이른바 백제와 신라의 건국 집단(건국 세력)은 일종의 정복자-기원(해설 2/ 2) 유형으로 한반도 남부(중남부)로 들어가서 그 지역의 기존의 '한국식 농경-청동 문화'를 흡수해서 국가 형성 단계로 간다고 설정이 된다. 하지만 그들 집단을 부여계로 설정하는 이론은 좀 더 자세히 분석해 볼 필요가 있을 것이다. 졸본-부여(이후의 고구려)에서 출발해서 한강 유역으로 들어간다는 십제(21 a/ R 3의 2) 집단은 그나마 부여계라고 할 수도 있다. 하지만 신라의 건국 집단을 부여계라 추정하는 것은 문제가 없을 수 없다. 더구나 신라의 경우는 그 지배층을 구성하는 집단이 단일한 집단이 아니라는 것이 중론이다.

이른바 백제의 건국 집단도 국가 단위의 정치체를 세우는 집단이 아니고 국 정도의 소정치체(십제)를 세운 집단이라고 보아야 한다(부록/ 1). '백제본기'에 따르면 졸본-부여에서 출발하는 부여계의 한 집단(온조 집단)이 한강 유역으로 들어가서 십제란 국을 세운다고 한다. 그들 집단은 그 당시 한반도 서남부에서 세력을 확보하고 있던 마한(이른바 3한의 하나다)의 한켠인 한강 유역에서 자리 잡는다. 십제는 이후 인천 지역의 미추홀이란 국(비류 집단)을 흡수해서 '백제 연맹체'를 이룬 다음 점차 기존의 '마한 연맹체'를 남쪽으로 밀어내고 이후 고대-국가로 발전한다. 하지만 백제란 국가는 기본적으로 3한의 국가이다.

백제란 국가와 관련해서는 건국계 또는 후기-건국계 설이 다 나와 있다(부록/ 1). 그 가운데 "삼국사기"에서 등장하는 건국계 설은 그 자체가 3한 지역의 십제(또는 백제)가 부여계 문화를 받아들여서 그들 기원의 권위를 확보하려 한 것일 수도 있다("삼국사기" '백제본기' 논). 다시 말해서 신라의 마립간 집단(356~500)이 북방(시베리아) 문화를 받아들여서 그들의 기원을 차별화한 것과 같은 맥락일 수도 있기 때문이다(21 a/ R 3의 2). 여하튼 그 국가는 북쪽의 고구려와 동쪽의 신라 사이에서 지리적인 불리함을 끝내 극복하지 못하고 멸망하고 흡수되어 그나마 얼마 남지 않은 부여계의 유산마저 사라진다.

대-부여(great-Puyeo)란 개념(21 a/ R 7의 2)은 3한으로 들어가는 부여계가 이후 한반도 정치 세력의 주축이 되고 최종적으로 한반도의 한민족 기원이 된다는 것을 전제한다. 그 이론은 대-조선(great-Chosun)이란 개념(R 7의 2)과 대비되는 의미라 할 수도 있다. 하지만 기원전후 3한 지역으로 들어간다는 부여계(한강 유역의 온조 집단)는 고대-국가로 발전하지만 결국은 다른 집단에 흡수되고 만다. 대-조선 또는 대-부여보다는 오히려 대-사로(great-Saro)(R 7의 2&3)가 현재의 한민족 집단과의 관련성이 더 높은 이론일지 모른다. 3한 지역 특히 진한 지역인 경주 평야의 사로계는 진한 지역을 통합해서 고대-국가로 발전하고 다른 고대-국가인 백제를 통합한다.

(부여계론)

기원전후 만주(Manchuria)의 주요 민족집단(동호계, 예맥계,
읍루계) 가운데 예맥계의 주요 하위 집단인 부여계는 일찍이
다른 집단으로 흡수된다(아래). 그래서 현재 그 집단의 유전
자 분석조차 가능하지 않을 정도다. 반면 동호계는 현존하는
후속 집단인 몽골계(특히 다얀 칸 가계)의 유전자 분석을 통해
서 Y-염색체 DNA(해설 3) 하플로그룹 분석상 C3 유전자에 속
하는 것으로 확인이 된 바 있다. 읍루계도 역시 그 후속 집단
인 만주족에 속하는 유명 가계의 유전자 분석을 통해서 C3
유전자로 확인된 바 있다. C3 유전자는 빙하기에 '동중국 해
안 → 일본 열도 → 사할린 섬' 루트를 통해 아무르강 유역으로
들어간 집단으로 추정된다.

예맥계의 하위 집단인 부여계가 알타이언어 사용 집단에 속
하는지 여부도 알 수가 없다. 반면 만주의 동호계와 읍루계 계
통의 집단은 알타이언어 사용 집단이다. 알타이언어(TMT) 가
운데 몽골어(M)는 현재 동호계의 후속 집단인 몽골계가 사용

하는 언어이고 퉁구스어(M)는 읍루계의 후속 집단인 여러 집단이 사용한다(그 가운데 남부어군에 속하는 만주어는 퉁구스어 최다 인구가 사용하는 언어였지만 현재는 거의 사용자가 없는 사어가 된 상황이다). 참고로 첫 번째 T인 투르크어를 사용하는 집단은 대부분 몽골 고원을 거쳐서 중앙아시아로 이동해서 현재 한반도 주변 지역에는 그 언어를 사용하는 집단은 거의 없다.

이전에는 언어학계에서 알타이언어 계통도(성백인 1996)를 내세워서 '알타이 조어 → 원-한국어 → 예맥어(부여어)와 3한어'란 도식을 제시하긴 했지만 그것은 순전히 이론적인 것에 불과하다. 그 체계에서는 만주의 예맥계(부여계) 집단과 한반도 남부(중남부)의 3한계를 하나의 집단에서 갈라져 나온 것으로 보고 있지만 그것은 이후의 역사 기획(부록/ 5)이 반영된 가설에 불과하다. 고려조는 정치적인 목적을 위해서 자신들의 기원이 3국이란 3국설을 내놓고 그것을 "삼국사기"란 책으로 확정지은 바 있다. 그 결과로 북국(본문/ 3, 4)의 영역에 속하는 부여계 계통의 국가와 남국(한국)의 영역인 3한계 계통의 국가가 모두 다 고려조의 기원으로 엮이게 된다.

한때 만주 지역에서 최초의 통합국가(고구려)를 세운 바 있는 부여계가 일찍이 명맥이 끊긴 데는 지리적인 요인도 적지 않게 작용한다 할 수 있다. 그 지역은 중국과 한반도 그리고 만주의 외곽 지역에 둘러싸여 있어 오랜 기간 안정적으로 영역을 유지하기에는 불리한 곳이었다. 부여계의 원류라고 할 수 있는 부여(국가)의 궤적도 그 지리적인 불리함을 잘 말해주고 있다(21 a/ R 3의 1). 동아시아에서 오랜 기간 살아남아 역사 공동체를 유지한 집단은 중국(문화적으로 압도적인 역량을 가진 집단이다) 외에는 주로 외곽 지역의 몽골, 한국, 일본 등이다. 만주의 다른 집단인 동호계와 읍루계에 비해서도 부여계는 지리적인 불운이 작용했다고 할 수밖에 없을 듯하다.

이른바 부여계 계승론(손동완 2020 a/ 기원 이론/ 9)도 부여계가 한민족 집단의 주축(부록/ 1)이 되는 집단이 아니라는 것을 방증한다. 한반도 국가(동국)가 부여계를 대표하는 고구려 국가(본문/ 3)를 정치적으로 계승한다는 논의는 후-삼국기에 이른바 후-고구려(고려- 마진- 태봉- 고려)의 정통성을 주장하기 위한 장치로 시작된다. 그것은 이후 고려조 전기에는 3국설

(본문/ 5)이란 매우 정치적인 역사 기획으로 이어진다. 이상의 정치적 계승론뿐 아니라 부여계 문화 즉 고구려 문화를 계승해야 한다는 현재의 남한과 북한의 '문화적' 계승론(아래)도 부여계가 한반도의 한민족 집단의 주축이 아니라는 것을 역으로 잘 말해주고 있을 따름이다.

참고로 이른바 문화적 계승론자가 내세우는 문화적 계승의 구체적인 내용은 대부분이 지엽적인 것에 지나지 않는다. 그들은 주로 고분 벽화, 산성, 왕릉 등등을 단편적으로 언급하는 데에 그친다(이형구 2004). 그뿐 아니라 좀 더 심층적인 내용이라 할 수도 있는 고구려의 음양오행 사상(사회과학원 1979~1983)이란 것(주로 북한에서 강조하는 내용이다)도 중국 문화의 변용이란 것은 말할 것도 없다. 결국 부여계의 문화가 대-신라(통일-신라 또는 후기-신라)를 이은 고려/ 조선 양조를 통해서 형성되는 한민족에게 핵심적인 그 무엇인지 여부도 여전히 문제가 된다. 3한 지역의 문화와 그 유산이 훨씬 더 중요하다고 보아야 한다.

5 다섯 가지 역사 기획

한민족 집단의 기원에 관한 이론(기원 이론)에서 전통설(21 a/ T 4)의 비중도 적지 않다. 당대설(부록/ 3)과 대비되는 의미의 그 학설은 역대 한반도 지역 국가들의 역사에 대한 시각이 중요한 부분을 차지한다. 동국 특히 고려/ 조선 양조의 자신의 기원에 대한 인식은 소급(해설 2/ 4)과 재-소급(해설 2/ 5)이란 역사 기획이 대변한다고 해도 과언이 아닐 듯하다. 특히 고려조에 나오는 후-3국 3국 소급설은 한반도의 국가 또는 민족 집단의 기원에 관한 논의에 지대한 영향을 미친다. 역사 기획은 과거의 일로만 머무르지 않는다. 현대의 북한에서도 그들의 정통성을 확보하기 위한 역사 기획은 계속되기 때문이다.

(3국설)

한반도 지역의 첫 번째 통합국가인 대-신라(676~935)보다
두 번째 통합국가인 고려조(918 또는 935~1392)가 더 부각되기
도 한다. 그것은 고려조가 이른바 3국설을 채택해서 현재의
한민족 집단이 가진 역사와 영토에 관한 이중적인 의식(손동
완 2018)을 심어준 존재이기 때문이다. 하지만 고려조의 역사
기획에서 벗어나서 본다면 3국보다는 3한(21 a/ R 7)이 한민족
집단과 훨씬 더 관련성이 높다. 3한 지역은 기원전 1000년대
의 초기-농경 사회를 거쳐서 기원전후 소정치체인 국이 발생
하고 오랜 기간에 걸쳐서 통합이 되어 한반도 지역의 첫 번째
통합국가(대-신라)가 나온다. 고려조는 그 국가를 기반으로 해
서 나온 그 지역의 두 번째 통합국가다.

그 지역의 첫 번째 통합국가/ 두 번째 통합국가인 대-신라/
고려조는 물론 북국(본문/ 3, 4)이 아니라 남국의 범주에 들어
간다. 여기서 남국은 '동국 한국 남국'(21 a/ 6의 4)의 남국이다.
그 두 국가는 그 지역의 세 번째 통합국가인 조선조로 이어진

다. 그 세 국가는 바로 한반도 3조(21 a/ R 7의 3)에 해당한다. 현재의 한민족 집단은 한반도 3조란 기간을 통해서 형성(해설 1/ d)이 된다. 그 기간은 한민족 집단의 '형성기'(676~1910)라 할 만하다. 그 이전의 시기는 '선-형성기'에 해당하는 데 오랜 기간에 걸쳐서 그 지역의 지역-역사 복합체인 3한복합체(R 7의 2)가 성립이 된다. 그 3한복합체를 근간으로 해서 첫 번째 통합국가의 역사가 진행이 된다.

918년에 건국해서 935년에 한반도 지역을 재-통합한 고려조는 우리가 잘 알다시피 후-고구려(900~918)를 계승한 국가다. 후-고구려는 대-신라 말기 한강 이북의 반란 세력인데 느닷없이 고구려를 계승한다는 기치를 내세운다. 하지만 고려조는 후-고구려 → 고구려로 올라가는 기원 이론을 택하지는 않는다. 당시의 고려조에게는 후-3국을 통일한 존재라는 통합의 이데올로기(손동완 2018)가 더 중요하고 거기에 충실하게 '후-3국'의 기원을 '3국'으로 놓는 대통합의 방식으로 간다. 물론 그러한 방식은 고려조의 존립 기반인 후-3국을 통합한 정통성을 강조하기 위한 정치적 의도가 깔려 있다.

고려조는 대-신라(통일-신라 또는 후기-신라)를 일단 뛰어넘고 후-3국에서 바로 3국으로 소급(해설 2/ 4)하는 역사를 기획한다. 물론 남쪽의 대-신라와 대치하던 북국인 발해(698~926)는 그 계보에 넣지 않는다. 하지만 고려조는 "삼국사기"의 제일 앞에 신라(기원전후~676)를 실을 뿐 아니라 뛰어넘은 대-신라(676~935)까지 싣는다('신라본기' 권제1~12). 그 다음에는 그들이 명목상 계승한다는 고구려가 실린다('고구려본기' 권제13~22). 마지막에는 후-3국기 최대의 라이벌이었던 후-백제가 계승한다던 백제가 실린다('백제본기' 권제23~28). 결국 고려조 전기에 나온 "삼국사기"(1145)란 책은 고려조 후-3국 3국 소급설의 문헌적 표현이라 할 만하다.

앞서 잠깐 살펴본 바처럼 "삼국사기"(총 50권으로 되어 있다) 앞부분(권제1~28)에는 '신라/ 고구려/ 백제'의 본기(本紀) 즉 역대 왕의 연대기가 나와 있다(그 뒤에는 연표, 잡지, 열전이 이어지는데 각각 권제29~31, 권제32~40, 권제41~50까지다). "삼국사기"는 그 사료적 가치도 중요하겠지만 그것 못지않게 '3국'이란 구성 자체가 더 큰 의미가 있다. 10세기 고려조는 이른바

'후-3국'을 통일한 국가이고 고려조 전기에 나온 "삼국사기"는 기본적으로는 '후-3국'의 기원이 되는 '3국'의 역사를 기술한 책이기 때문이다. 다시 말해서 그 책은 후-신라(대-신라의 말기)/ 후-고구려/ 후-백제의 기원인 신라/ 고구려/ 백제의 역사를 소급해서 싣고 있다.

(3조선)

10세기에 이른바 '후-3국'을 통합한 고려조는 그들 국가의 기원을 '3국'(신라, 고구려, 백제)으로 설정하고 "삼국사기"(1145)란 역사서를 통해서 그것을 확립한다(위). 결국 고려란 국가의 기원은 3국, 특히 그 시조인 '혁거세거서간'('신라본기' 권제1)/ '동명성왕'('고구려본기' 권제13)/ '온조'('백제본기' 권제23)가 되는 셈이다. 물론 한반도 지역에서 그 위의 역사도 존재하는 것은 사실이지만 고려조로서는 그 이상의 역사 또는 '3국 각자'의 기원을 추구하는 것은 그다지 중요한 일이 아닌 것은 분명하다. 바로 위에서 말한 바처럼 고려조의 정통성은 후-3국을 통합한 것에서 나오는 것이고 "삼국사기"는 바로 그것을 반영한 역사서이기 때문이다.

당시까지 전해 내려온 한반도 지역의 문헌(대부분 실전되었다)이나 "사기", "한서", "후한서", "삼국지" 같은 중국에서 나온 정사에서 한반도와 주변 지역의 역사가 언급이 되는 것은 당연한 일일 것이다. 특히 한반도 중남부 지역의 3한(마한, 진한,

변한)이나 동시대 한반도 서북부의 위만-조선(-194~-108)과 한 4군(-108~313)은 "삼국지"('위지' 동이전), "사기"('조선열전'), "한 서"('조선전') 등에서 기록이 나온다. 그리고 한반도 서북부를 기준으로 그 외곽 민족집단인 예맥계와 읍루계에 관한 기록 도 있다(특히 "삼국지" '위지' '오환선비동이열전'). 하지만 "삼국사 기"란 고려조의 역사 체계 또는 역사 기획에서는 그 지역들이 그렇게 중요한 부분으로 다루어지지는 않는다.

한편 고려조 후기로 접어들고 정치적 상황이 변화하면서(몽 골 간섭기로 접어든다) 그 시대에 나오는 여러 역사서에서는 3 국 위의 역사가 점차 중요하게 다루어지기 시작한다. "삼국유 사"(권제1)에서 가장 잘 알려져 있는 '기이제일'도 기본적으로 3국 이전의 한반도와 주변 지역의 여러 정치체 또는 민족집단 을 열거한 것이라 할 수 있다. 고조선, 위만-조선, 마한에서 북부여, 동부여, 고구려, 변한 백제, 진한까지 두루 나와 있기 때문이다(그리고 예외적으로 후대의 '말갈 발해'가 삽입되어 있다). 그리고 "제왕운기"(권하)에서는 3국 위로 전-조선, 후-조선, 위 만-조선, 한 4군 등도 나와 있다(그사이에 부여, 비류, 시라, 고례, 남북 옥저, 예맥도 열거되어 있다).

그 두 책에서 3국 위의 역사는 맨 위에 단군-조선(고조선 1)
이 올라가 있다. "삼국유사"(권제1 '기이제일')의 고조선(왕검-조
선)과 "제왕운기"(권하)의 단군의 개국(開國)이 그것이다. 3국
위의 역사는 고려조 후기의 두 저작을 통해서 단군으로 올라
가는 셈이다. 그것이 이른바 재-소급(해설 2/ 5)설이다. 고려조
전기의 3국 소급(해설 2/ 4)설은 고려조 후기에 와서 재-소급
(해설 2/ 5)설로 이어진다. "삼국유사"(1281)에는 단군-조선(고조
선 또는 왕검-조선)이 위만-조선과 함께 실려 있다(위). 하지만
기원전 3000년대의 단군-조선(기원전 2333년으로 되어 있다)과
기원전 2세기의 위만-조선(-194~-108) 사이에 2000년이 넘는
엄청난 기간의 공백이 있다.

"제왕운기"(1287)에 와서 후-조선(기자-조선)이란 개념이 들
어가면서 그 역사적 공백(손동완 2018)을 메꾸는 장치가 되고
'단군- 기자- 위만' 조선이란 3조선의 도식의 초보적인 형식
을 갖추게 된다. 이후 3조선론이 완성되어 조선조의 "동국통

감"(1484) 등의 역사서에도 올라간다. 조선조에 들어와서는 '단군- 기자- 위만'의 3조선이 완전히 자리 잡는다. 그 가운데 단군-조선과 기자-조선은 이른바 '전-후 조선'을 이룬다. 조선조에 평양에는 단군/ 기자의 제사를 지내는 외관 관서까지 세워진다('숭령전'/ '숭의전'). 전-후 조선에 이어서 3조선의 마지막이 되는 위만-조선은 3한 또는 3국과의 연결이 모색된다("삼국유사" '기이제일'/ "제왕운기" 권하).

〈신채호식 역사〉

구한말의 인물인 신채호는 한민족 집단의 역사를 '고구려, 부여, 단군' 중심으로 본다. 그것은 고려조의 '소급 및 재-소급'(손동완 2018)의 역사 기획을 기본으로 하면서도 부분적으로 어떤 측면에 초점을 맞추어 강조한 방식이라 할 만하다. 고려조의 역사 기획이 그나마 후-3국 3국 소급이란 대 전제 하에서 통합의 이데올로기에 부합되게 어느 정도 3국의 균형을 이룬 것이라면 신채호의 역사 기획은 그중에서 고구려를 유독 강조한 것이다. 그래서 고구려와 그 기원이라 할 수 있는 부여에 치우친다. 상대적으로 백제와 신라 특히 신라는 과소 평가된다. 백제의 경우는 바다 건너 한반도에서 가까운 중국 대륙 지역을 경략한다는 기사를 강조한다.

신채호는 고려조 후기를 거쳐 조선조에 자리 잡는 3조선(위)에 변형을 가해서 3국 위의 역사를 구성한다. 그는 전 3한/후 3한(신채호 1925)이란 개념을 도입해서 각각 3조선/ 3한에 끼워 넣는다. 이른바 전-후 3한론인데 일종의 3한 이동설에 해당한다. 단군이 창립한다는 전 3한은 '신한, 불한, 말한' 또는 '신조선, 불조선, 말조선'으로 분립한다고 설정한다. 그것은 고려조 후기에서 조선조 전기를 거치면서 성립한 '단군- 기자- 위만' 조선의 체계와는 완전히 다르다. 그러한 설정에서는 한 4군의 존재가 걸림돌이 되는데 한 4군을 한반도 밖으로 처리하는 방식을 취해서 한반도 서북부의 위만-조선과 한 4군의 역사를 완전히 도려낸다.

고려조의 전통설(21 a/ T 4)은 '소급 및 재-소급'(손동완 2018) 설을 그 근간으로 한다. 하지만 그 과정에서 기원전 2세기의 위만-조선에서 단군이 등장하는 기원전 3000년대까지 '역사적 공백'이 문제가 된다(위). 그것을 고려/ 조선 양조에서는 가상의 기자-조선을 넣어서 메꾼다. 그런데 비해서 신채호는 그것을 가공의 '신한, 불한, 말한'(신조선, 불조선, 말조선)을 넣어서 메꾸고 있는 셈인데 훨씬 더 극단적인 기획이라 할 수밖에 없다. 신채호의 역사 체계에서는 특히 전 3한론에서 가능한 한 최대의 '상상상의 영토 확장'을 도모한다. 구한말에 나오는 여러 민족 종교부터 현대의 아류(구체적으로 거론하지 않는다)

들까지 아직까지 그 확장은 여전히 진행 중이라 할 수 있다.

신채호는 이후 유사(사이비)-역사학이 창궐하는데 결정적인 역할을 한 인물이라 할 수밖에 없다. 무엇보다 교조적이고 독단적이라 평가받는 그의 역사학이 근대 사학의 길을 열었다는 것은 매우 불행한 일이 아닐 수 없다. 다만 한 개인으로서의 신채호는 기발한 역사 기획을 통해서 이후 한 시대를 풍미하는 흐름을 주도했다는 면에서는 조선조 후기 유득공에 못지않은 기린아라 할 수도 있다. 물론 고려조의 3국설(위)도 엄청난 흐름을 주도한 역사 기획이긴 하지만 그것은 한 개인이 만든 것은 아니고 국가 차원의 역사였다. 그런 점에서 유득공(남-북국설)(아래)과 신채호(전-후 3한설)는 가히 동국('동국 한국 남국'의 동국이다) 역사 연구의 행운아라 할 만하다.

〈남-북국설〉

　　조선조 후기에는 또 하나의 역사 기획이 제시된다. 바로 유득공(1748~1807)의 남-북국설이다. 그 이론은 당시에도 몇몇 학자들에게 영향을 끼쳤지만 그것보다는 현대의 북한에서 발전시키고 이후 남한 학자가 그것을 수입해서 교과서에까지 올라간다. 유득공은 정조에 의해 규장각 검서로 발탁된 서얼 출신(원래는 관직 특히 '청직' 진출은 제한된다)의 학자인데 시문에도 능한 사람이었지만 "경도잡지", "사군지", "발해고", "이십일도회고시" 등 역사 관련 저작도 남긴다. 그의 업적은 정조의 배려에 힘입은 바 크다고 할 수 있는데 박제가, 이덕무 등 다른 서얼 출신의 학자들과 함께 규장각의 수많은 문헌을 접할 기회를 가진 덕분이기도 하다.

　　"발해고" '서'에서 유득공은 역사에 대한 간단한 단상을 남긴다. 기본적으로는 고려조가 '발해의 역사'를 기록하지 않은 것을 한탄하는 내용이다. 고려조가 북국 발해(본문/ 3)의 역사를 충분히 기록할 수 있었는데도 그렇게 하지 않은 까닭에 이전의 북국 발해에 대한 권리 즉 역사적 주권(21 a/ R 3의 5)을 주장하지 못한다는 것이다. 물론 그러한 주장의 대상은 당시의 북국인 요(거란), 금(여진)이다. 결과적으로는 고려조가 '발해의 역사를 기록하지 않았고 그래서 그 역사에 대해서 주장할 권리가 없다는 얘기가 될 수도 있다. 그런데 거기서 유득공은 후대의 역사가가 주목할 만한 어떤 틀을 제시한다. 바로 '남-북국사'란 개념이다.

그런데 "발해고"는 '군고/ 신고/ 지리고/ 직관고/ 의장고/ 물산고/ 국어고/ 국서고/ 속국고'로 구성된 책이다. 그 책은 각각 '임금/ 신하/ 지리/ 관제/ 복식/ 물산/ 언어/ 외교 문서/ 속국'의 9개 분야에 대해서 중국, 일본, 한국에서 나온 부분적 자료를 참고해서 쓴 글이다. 모든 장에 "발해고"의 '고(考)' 자가 붙어 있다. 그 가운데 '군고/ 신고'는 다른 역사서의 '본기/ 열전'에 해당한다. 그리고 '국서고'에서는 무왕, 문왕 때의 대일본 외교 문서가 실려 있다. '속국고'는 발해 유민이 세운 정안국(938~986)에 관한 글이다. 그런데 이상의 9개 분야가 아니라 "발해고"의 '서' 즉 서문의 짤막한 글이 유득공을 유명하게 만든다.

남-북국은 물론 현재 우리에게 익숙한 신라와 발해다. 더
자세히 말하면 대-신라(통일-신라 또는 후기-신라)와 발해다.
유득공이 제시한 남-북국사는 당연히 당시에 서로 대립하던
남국 신라와 북국 발해를 그 이후의 고려조가 통합한다는 전
제가 깔려 있는 이론이다. 하지만 고려조는 그러한 전제를 전
혀 충족시키지 못하고 있다. 왜냐하면 고려조는 그 존속 기간
내내 북국인 요, 금, 원(본문/ 4)과 대치한 것이 사실이기 때문
이다. 유득공은 고려조가 북국인 발해의 역사를 기록하지 않
은 것을 한탄했지만 북국 발해의 역사를 기록했다 하더라도
고려조가 남조와 북조를 통합한 중국의 수/ 당제국처럼 되는
것은 결코 아니다.

참고로 중국 역사의 남-북조(420~589)는 진/ 한/ 위진 다음
의 시대인데 중국의 이른바 24사 가운데 "송서", "남제서", "양
서", "진서" 그리고 "위서", "북제서", "주서", "수서", "남사", "북
사"에서 기록되는 매우 버라이어티한 시대다. 다시 말해서 북

중국의 이민족 왕조인 북조와 남중국의 한족 왕조인 남조가 병존 대립한 시대다. 남중국의 한족 왕조는 송, 제, 양, 진(陳)으로 비교적 단순하게 이어진다(그 이전이 삼국 시대의 오와 진晉의 동진이다). 하지만 북방의 이민족 왕조는 선비의 북위가 동위와 서위로 갈라지고 다시 북제와 북주로 이어지다 수제국으로 합쳐진다. 수제국은 남중국의 한족 왕조를 통합한다.

현재 중국에서는 북방인/ 남방인이란 말이 쓰인다. 그 경우는 대체로 장강을 기준으로 그 북쪽과 남쪽을 말한다. 물론 둘 다 한족(해설 3) 집단에 속하기 때문에 형질적으로 뚜렷하게 구분되는 것은 아니지만 문화적, 역사적 의미가 그 바탕에 깔려 있다. 한족은 일찍이 황하 유역에서 나와서 남쪽으로 확장되는데 춘추–전국을 지나고 진/ 한을 거치면서 비로소 남방(남중국)이 한족의 영역으로 들어온다. 그 이후 그 지역에는 이른바 6조가 연이어서 자리 잡는다. 6조는 장강 이남인 남방(남중국)의 6개의 한족 왕조를 말한다. 오, 동진, 송, 제, 양, 진(삼국의 오에서 남조의 마지막 진까지다)이 그것인데 "삼국사기"에는 백제가 그들과 교류한 기록이 남아 있다.

(북국 계보론)

유득공이 제기한 바의 신라-발해의 남-북국이란 도식은
이후 북한에서 발해와 후기-신라의 '남-북국사'로 편제되고
이후 남한 학계가 그 이론을 수입해서 교과서에도 올라가게
된다. 남한 학계가 아무 생각 없이 도입한 '남-북국사'는 북한
에서는 그들이 구성한 '북국 계보론'의 한 부분으로 들어간
것이다. 북한은 남한에 대한 북한의 우위를 확립하기 위해서
평양과 양계(본문/ 5) 중심의 '고조선 → 고구려 → 발해 → 고려
→ 리조(조선조) → 북한'이란 계보(사회과학원 1979~83)를 제시
한다. 고려조가 고구려를 끌어 붙인 것은 사실이지만 적어도
'후-3국에서 3국으로'라는 "삼국사기"의 원칙은 확실하게 한
반면 북한은 고구려와 발해 모두를 극단적으로 이용한다.

물론 북한은 정치적인 이유에서 '북국-중심'(21 a/ T 2)의 계
보론을 수립해서 고구려, 발해를 그 중심에 놓는다. 역사적으
로 변방 지역이었던 양계(본문/ 5) 지역을 주 영토로 하는 북
한(조선민주주의인민공화국)은 3한 지역이 아니라 북국(본문/ 3,

4) 지역을 중심으로 한 역사의 틀을 수립한다. '고조선 → 고구려 → 발해 → 고려 → 리조 → 북한'이란 계보(위)에서 볼 수 있듯이 북한은 북국인 고구려, 발해를 그 중심에 놓는다. 하지만 '고구려 → 발해 → 고려조'로 이어지는 민족집단이란 것은 존재하지 않는다. 그 이론적 근거라는 3국설과 남-북국설은 양립(손동완 2018)하기조차 힘들다. 발해란 국가는 '남-북국설'에서는 필수적인 것이지만 '3국설'에서는 아예 존재 자체가 없다.

고구려 국가는 당제국과 신라에 멸망 당한 후(668) 부여계 주력 집단은 중원 지역으로 사민(徙民)되어 한족 집단에 흡수되고 나머지 집단은 발해로 흡수되어 정체성을 상실한다(본문/ 3). 그리고 발해 국가(현재의 요령성 지역으로 사민된 말갈계가 도주해서 세운 국가다)(698~926)도 거란 요(907~1125)에 멸망한 후에 그 구성원은 다른 집단에 흡수된다. 이미 발해와 거란 요를 거치면서 오랜 기간 동화된 부여계는 사실상 그 정체성이 상실된 지 오래되었다. 비록 부여계 발해인이 있고 그 일부가 고려조로 들어온다 하더라도 그 소수 집단은 한반도 국가로 흡수 동화된다(김한규 2004; 노태돈 2009).

한반도 지역의 첫 번째 통합국가인 대-신라(통일-신라 또는 후기-신라)를 떠나서는 한반도의 한민족이란 집단을 설명할 수가 없다. 북한이 고구려, 발해에 대한 역사적 주권(21 a/ R 3의 5)을 주장한다 하더라도 그것은 정치적인 구호일 뿐이다. 북한은 남한에 대한 우위를 확보하기 위해서 본토설(본문/ 3)부터 북국 계보론(위)까지 가능한 한 모든 수단을 동원하고 있다. 그러한 일련의 움직임은 학문의 활동도 정치에 철저하게 봉사하지 않으면 안 되는 북한 체제의 일면을 잘 보여주고 있다. 북한의 평양설(해설 2/ 6)은 20세기 남한과 북한의 대결을 잘 보여주는 훌륭한 자료가 될 듯하다.

참고 문헌

(저자별)

강인욱 2021(이하 '연도별' 참조/ 아래)

김병모 1981, 1992(1985)

김시덕 2015

김원용 1976, 1986

김정배 1973, 1986, 2006

김정학 1964, 1990

김주원 1991, 2006

김택규 1996

김한규 2004

김호동 2016

노중국 2007

노태돈 1975, 1988, 2009

노혁진 1994, 1996

박대재 2006

박상란 2005

박선주 1996

박종기 1994, 2015

사회과학원 1977

사회과학원 1979~83

성백인 1996

손동완 2018, 2019

송호정 1999

신채호 1925

오영찬 2006

윤무병 1975

이삼성 2009, 2018

이선복 1991, 1996, 2002

이송래 2002

이전 2005

이종욱 2002, 2006

이지린 1963

이현혜 1984

이형구 1989, 2004

임지현 2004

장우진 1987, 1989, 2000

전재현 1986

정광 2010

조동일 2010

조흥윤 1996

천관우 1974

최몽룡 2006, 2008 a, b

최정필 1991, 2006

한영희 1996

Fugida 1930

Fusinian 1935

Jin 2003

Matsumoto 1985

Rhee & Choi 1992

Siska 2017

Winston 2004

(연대별)

"삼국지"('위지' '오환선비동이열전')

1145, "삼국사기"

1281, "삼국유사"(권제일 '기이제일')

1287, "제왕운기"(권하)

1925, 신채호 1925, '전후 3한 고', "단재 신채호 전집" 상(개
    정판, 1977), 형설출판사.

1930, Fugida 1930, '櫛木文土器の分布に就きて', "靑丘學
    叢" 2.

1935, Fusinian 1935, '夷夏東西說', "慶祝崔元培先生六十五
    歲論文集".

1964, 김정학 1964, '한국민족 형성사', "한국 문화사 대계"
    1, 고려대학교 민족문화 연구소.

1966, 김정학, 1966, '고고학 상으로 본 한국 민족', "백산
    학보" 1.

1973, 김정배 1973, "한국 민족문화의 기원", 고려대학교 출판사.

1974, 천관우 1974, '기자 고', "동방 학지" 15.

1975, 윤무병 1975, '무문토기 형식 분류 시고', "진단 학보" 39.

1975, 노태돈 1975, '삼국시대 부에 관한 연구', "한국사론" 2.

1976, 김원용 1976, "한국 문화의 기원", 탐구당(탐구신서).

1977, 사회과학원 고고학 연구소 1977, "조선 고고학 개요", 과학 백과사전 출판사(평양).

1979, 사회과학원 역사 연구소 1979~83, "조선 전사", 과학 백과사전 출판사(평양).

1981, 김병모 1981, '한반도 거석 문화 원류에 관한 연구', "한국 고고 학보", 10·11(합), 한국 고고학 연구회.

1984, 이현혜 1984, "3한사회 형성 과정 연구", 일조각.

1985, Matsumoto 1985, "日本民族の源流", 大陸書房.

1986, 김원용 1986, "한국 고고학 개설"(3판), 일지사.

1986, 김정배 1986, "한국 고대의 국가 기원과 형성", 고려대학교 출판부.

1987, 장우진 1987, '조선 사람의 시원 문제에 관하여', "조선 고고 연구" 3(평양).

1986, 전재현 외 1986, "룡곡 동굴 유적", 김일성 종합 대학 출판부(평양).

1988, 노태돈 1988, '고조선사 연구의 현황과 과제', "한국 상고사" 1, 민음사.

1989, 장우진 1989, "조선 사람의 기원", 사회과학 출판사 (평양).

1989, 이형구 1989, '발해연안 빗살무늬 토기 문화의 연구', "한국사학" 10(한국 정신문화 연구원).

1990, 김정학 1990, "한국 상고사 연구", 범우사.

1990, 노태돈 1990, '고조선 중심지의 변천에 대한 연구', "한국사론" 23.

1990, 이형구 1990, '한국 민족문화의 시베리아 기원설에 대한 재고―한국 고대 문화의 기원에 관한 서설', "동방 학지" 69(연세대학교 국학 연구원).

1991, 김주원 1991, '한국어 계통과 형성에 대한 연구사적 고찰', "한국 고대사 논총" 1(가락국 사적 개발 연구원),

한국 고대사회 연구소 편.

1991, 최정필 1991, '인류학 상으로 본 한민족의 기원 연구에 대한 비판적 검토', "한국 상고사 학보" 8, 한국 상고사 학회 편.

1991, 이선복 1991, '신석기 청동기시대 주민 교체설에 대한 비판적 검토', "한국 고대사 논총" 1.

1992, 김병모 1992(1985), "한국인의 발자취"(개정판)(초판 1985), 집문당.

1992, Rhee & Choi 1992, 'Emergence of Complex Society in Prehistoric Korea', *Journal of World Prehistory*, 6(1).

1994, 노혁진 1994, '한국 선사문화 형성 과정의 시대구분', "한국 상고사 학보" 15.

1994, 박종기 1994, '고려 시대의 대외 관계', "한국사" 6(중세 사회의 성립 2)(강만길 외 편), 한길사.

1996, 김택규 1996, '세시 구조와 한 문화 복합—한민족 기층 문화의 다원성에 대한 한 고찰', "한국 민족의 기원과 형성" 하, 소화.

1996, 노혁진 1996, '청동기시대', "한국 민족의 기원과 형

성” 상, 소화.

1996, 박선주 1996, ‘우리 겨레의 뿌리와 형성’, “한국 민족
의 기원과 형성” 상, 소화.

1996, 성백인 1996, ‘한국어 계통 연구의 현황과 과제’, “한
국 민족의 기원과 형성” 하, 소화

1996, 이선복 1996, ‘동북 아시아의 구석기 고고학과 민족
기원론’, “한국 민족의 기원과 형성” 상, 소화.

1996, 조흥윤 1996, ‘한민족의 기원과 샤머니즘’, “한국 민
족의 기원과 형성” 하, 소화.

1996, 한영희 1996, ‘한민족의 기원’, “한국 민족의 기원과
형성” 상, 소화

1999, 송호정 1999, ‘고조선 국가 형성 과정 연구’, 서울대학
교 대학원 박사학위 논문.

2000, 장우진 2000, “조선 민족의 발상지 평양”, 사회과학
출판사(평양).

2002, 이선복 2002, ‘화석 인골 연구와 한민족의 기원’, “한
국사 시민 강좌” 32호, 일조각.

2002, 이송래 2002, ‘복합사회의 발전과 지석묘의 소멸’,

"전환기의 고고학" 1, 한국 상고사 학회 편, 학연 문
화사.

2002, 이종욱 2002, "신라의 역사" 1, 김영사.

2003, Jin H et al., 'Y-chromosomal DNA haplogroups and
their implications for dual origins of the Koreans',
Human Genetics, 114.

2004, 김한규 2004, "요동사", 문학과 지성사.

2004, 이형구 2004, "발해연안에서 찾은 한국 고대문화의
비밀", 김영사.

2004, 임지현 2004, '고구려사의 딜레마', "근대의 국경, 역사
의 변경", 휴머니스트.

2004, Winston 2004, *Human*, London: Dorling Kindersley
Limited.

2005, 이전 2005, "고조선과 고구려", 경상대학교 출판부.

2006, 김정배 2006, '한민족의 기원과 형성', "한국 고대사
입문" 1(김정배 편저), 신서원.

2006, 김주원 외 2006, "사라져 가는 알타이 언어를 찾아
서", 태학사.

2006, 박대재 2006, '3한의 기원과 국가 형성', "한국 고대사 입문"(김정배 편저), 신서원.

2006, 오영찬 2006, "낙랑군 연구", 사계절.

2006, 이종욱 2006, "민족인가 국가인가", 소나무.

2006, 최몽룡 2006, "한국 고고학 고대사의 신 연구", 주류성.

2006, 최정필 2006, '신석기시대', "한국 고대사 입문" 1(김정배 편저), 신서원.

2007, 노중국 2007, "'삼국사기' 초기 기록과 "삼국지" '동이전' ", "한국 고대사 연구의 새 동향"(한국 고대사 학회 편), 서경 문화사.

2008, 최몽룡 2008 a, '동북 아시아적 관점에서 본 한국 청동기 철기시대 연구의 신 경향', "21세기의 한국 고고학" 1(최몽룡 편저), 주류성.

2008, 최몽룡 2008 b, "한국 청동기 철기시대와 고대 사회의 복원", 주류성.

2009, 노태돈 2009, "한국 고대사의 이론과 쟁점", 집문당.

2009, 이삼성 2009, "동아시아의 전쟁과 평화"(1), 도서출판

한길사.

2010, 정광 2010, "역주 원본 노걸대", 도서출판 박문사.

2010, 조동일 2010, "동아시아 문명론", 지식산업사.

2015, 김시덕 2015, "동아시아, 해양과 대륙이 맞서다", 메디치미디어.

2015, 박종기 2015, "고려사의 재발견", 휴머니스트.

2016, 김호동 2016, "아틀라스 중앙 유라시아사", 사계절.

2017, Siska et al. 2017, 'Genome-wide data from two early Neolithic East Asian individuals dating to 7700 years ago', *Science Advances*, 01 Feb 2017: Vol. 3, no. 2.

2018, 손동완 2018, "한민족의 기원 연구"(용어와 부록), 바른북스.

2018, 이삼성 2018, "한반도의 전쟁과 평화", 도서출판 한길사.

2019, 손동완 2019, "한민족의 기원"(개설), 바른북스.

2021, 강인욱 2021, "옥저와 읍루", 동북아 역사 재단.

한민족과 북방-기원(2)

북방과 북국
About the North and
Northern countries

초판 1쇄 발행 2021. 12. 31.

지은이 손동완
펴낸이 김병호
편집진행 임윤영 | **디자인** 양헌경

펴낸곳 주식회사 바른북스
등록 2019년 4월 3일 제2019-000040호
주소 서울시 성동구 연무장5길 9-16, 301호 (성수동2가, 블루스톤타워)
대표전화 070-7857-9719 **경영지원** 02-3409-9719 **팩스** 070-7610-9820
이메일 barunbooks21@naver.com **원고투고** barunbooks21@naver.com
홈페이지 www.barunbooks.com **공식 블로그** blog.naver.com/barunbooks7
공식 포스트 post.naver.com/barunbooks7 **페이스북** facebook.com/barunbooks7

· 책값은 뒤표지에 있습니다.   **ISBN** 979-11-6545-577-4 93910

바른북스는 여러분의 다양한 아이디어와 원고 투고를 설레는 마음으로 기다리고 있습니다.